부자 공식 7가지

7 Secrets of Eternal Wealth
By Buck Joffrey
Originally published in 2017 in USA.
Korean translation rights arranged with Buck Joffrey,
USA and BomBomstory, Seoul through PLS Agency Seoul.
Korean edition published in 2021 by BomBomstory, Korea.

7 SECRETS OF ETERNAL WEALTH

당신에게 경제적 자유를 선물할 작은 책

부자공식 7가지

벅 조프리 지음 | 길전균 감역

봄봄
스토리

추천사

투자는 뇌 수술이 아니라는 말을 들어봤을 것이다. 당신이 생계를 위해 무슨 일을 하는지와 상관없이, 몇 백만의 가치를 가진 투자자로 변신한 신경외과 의사가 당신에게 줄 수 있는 통찰력에 대해 생각해봤으면 한다. 돈을 잘 벌지만 유익하게 투자하는 방법을 모른다면, 지금 이 책을 읽어야 한다!

– 로버트 헬름스(Robert Helms)
부동산 사람들(The Real Estate Guys) 진행자 라디오 쇼 & 팟캐스트

이 책은 오직 부자들만 하고 있고, 중산층과 하류층은 할 수 없다고 '생각'하는 방법의 새로운 세계로 당신을 인도한다. 꽤 빨리 읽을 수 있는 책이지만 왜 모든 사람들이 이렇게 행동하고 있지 않은지 생각하게 만드는 책이다.

– 레인 카와오카(Lane Kawaoka)
간단한 수동적 현금 흐름(Simple Passive Cashflow)의 진행자

이 책은 엄청난 책이다!!! 벽은 많은 사람들이 믿고 있는 것을 침착하게 반박한다. 이 책은 꼭 읽어야 하는 책이고, 당신의 친구, 이웃, 그리고 특히 대학을 막 졸업한 젊은이들에게 주어야 할 선물이다. 열린 마음과 정신으로 읽고, 부자가 되기 위해 필요한 변화들을 실천에 옮겼으면 한다.

– **에릭 테이트**, 의학박사, 경영학 석사(Eric S. Tait, MD, MBA)
버논빌 자산 관리회사(Vernonville Asset Management)

이 책을 매우 추천한다! 이 책은 어떤 수준에 있는 투자자에게든 좋은 책으로, 실용적인 통찰력과 아이디어를 많이 가지고 있다. 당신이 성공하길 바라는 가족, 친구와 공유해야 할 책이다.

– **지노 카스타네다**, 의학 박사(Gino Castaneda, MD), 혈관외과 의사

간결하고, 빠르고 쉽게 읽히는 책. 나는 이 책을 구입하고 이틀 만에 두 번 읽었다. 조프리 박사는 부를 위해 딱 맞는 약을 처방했다. 이 책을 '당신을 부자로 만들어 줄 작은 책'이라고 불러야 한다. 이 책을 적극 추천한다!

– **제프 손튼**(Jeff Thornton) , 산업 부동산 투자자

목 차

서문

"상식은 작업복으로 잘 차려입은 천재다."

− 랄프 왈도 에머슨(Ralph Waldo Emerson)

내가 이 책을 출간한지 3일이 지나 아마존에서 베스트셀러가 된 것을 보고 깜짝 놀랐다. 내 메시지에 대한 독자들의 반응이 있다는 사실은 알았지만 얼마나 될지에 대해서는 과소평가했었기 때문이다.

첫 성공에 대담해진 나는 지방을 다니며 전국 방방곡곡에 있는 TV 프로듀서들에게 내 책을 홍보하기로 했다. 이것이 부동산과 현금 흐름에 투자해야 하는 이유를 알릴 기회라고 생각했고, 대부분 내 제안을 잘 받아들였다. 8명의 TV PD가 자신의 프로그램에 내 출연을 예약해 주었다. 일부 PD들은 내 책이 자신의 프로그램과 잘 어울리지 않는다고 생각했지만, 나는 그 거절을 감정적으로 받아들이지 않았다.

그러나 한 PD는 내 책에 대해 특히 부정적으로 이야기하면서 내 메시지가 '상식'이라고 했다. 내 메시지가 정말 상식이었다면, 이 나라 대부분의 사람들이 401K(퇴직 이후에 연금을 회사에 계속 맡겨놓고 투자 자금으로 활용할 수 있도록 할 것인지 모두 일시불로 받을 것인지를 직원 개인이 결정할 수 있는 제도, 역자 주)를 통해 주식, 채권, 뮤추얼 펀드에 퇴직금을 쏟아 붓고 있지 않을 것이다. 내 메시지가 정말 상식이었다면, 의사와 기술자 같은 전문직들은 재무 기획자들에게 자금 관리를 미루지 않을 것이고, 스스로 돈을 관리하는 방법을 정확히 알고 사회에 나오게 될 것이다.

현금 흐름에 대한 투자 개념을 이해해보자. 개념 자

체는 이해하기 어렵지 않다. 핵심 아이디어는 가치 상승에 의존하지 않고 수입의 흐름을 사들이는 것이다. 이는 로버트 키요사키(Robert Kiyosaki)가 1997년에 자비로 출판한 고전인 〈부자 아빠 가난한 아빠〉(Rich Dad Poor Dad)에서 말한 간단하지만 가장 중요한 메시지다. 메시지를 명쾌하고 간단하게 압축함으로써 키요사키는 더 많은 사람들이 백만장자가 될 수 있도록 하는데 누구보다 큰 역할을 했다고 생각하고, 나도 그 영향을 받은 사람 중 하나다. 나는 로버트 키요사키의 책을 신혼여행에서 집으로 돌아가던 멕시코 푸에르토 바야르타(Puerto Vallarta)의 공항에서 처음 접했다. 비행 중에 읽을 책이 필요했고, 공항의 우중충한 작은 서점에서 〈현금 흐름 4분면〉(The Cashflow Quandrant)이라는 책을 집어 들었다. 무엇에 관한 책인지 알 수 없었지만, 이제 돈을 벌 것이라고 예상했기 때문에 지금은 돈에 대한 책을 읽어야 한다고 생각했다. 나는 몇 주 전에 외과 트레이닝을 막 끝냈고 수입의 큰 증가를 예상하고 있었다. 나는 그 작은 보라색 책이 미칠 엄청난 영향에 대해 잘 알지 못했다.

나는 지난 몇 년 동안 학술적인 외과의사로서의 삶을 준비해 왔지만 그 책은 기업가가 되도록 나를 고무시켰고, 남은 내 인생의 중심이 될 것이다. 키요사키가 그 책에서 말한 것을 다시 생각해보면 이제는 모두 '상식'처럼 보이지만, 레지던트 트레이닝을 막 마친 젊은 의사였을 때는 중요하게 다가왔다. 로버트 키요사키에게는 사람들이 기업가 및 투자자로서 오랜 시간에 걸쳐 배우는 복잡한 개념들을 간단하지만 명쾌하게 정제해내는 천재성이 있다. 그것이 바로 "작업복으로 잘 차려입은 천재"다. 로버트 키요사키와 같은 천재는 아니지만 내 사명은 그와 비슷하다.

몇 년 동안 나는 그의 메시지를 받고 그것을 위해 함께 달려왔다. 나는 태도는 갖추고 있었지만, 여전히 기업가이자 투자자로서 나만의 브랜드를 구축해야 한다는 것을 깨달았다. W2단계 근로자로 돈을 많이 벌 가능성이 높은 고연봉의 전문직으로서, 나는 이 개념을 삶에서 어떻게 실행할 수 있는지 알아내야 했다. 이런 개념을 삶에서 실행할 방법에 대한 지침은 없었다. 그래서 나는 다른 성공한 사람들처럼 시도하고, 실패하고, 다시 시도하면서 배웠다. 그 유명한 '역경의 학교'였다. 시간이 지나면서, 나는 자금, 경제, 그리고 나만의 투자 철학과 맞는 것에 대한 모든 것을 스스로 학습했다.

이 책은 로버트 키요사키가 내 안의 무언가를 촉발시켜서 내 삶을 바꾼 것과 같이 내가 누군가에게 불꽃을 일으킬 수 있지 않을까 하는 희망을 갖고, 내가 배운 것을 조금이나마 돌려주고자 하는 겸손한 마음에서 썼다. 당신이 이 책을 즐기길 바란다. 더 많은 것을 알고 싶다면 내 쇼, 부의 공식 팟캐스트(Wealth Formula Podcast)를 들으면 된다. 팟캐스트는 아이튠즈(itunes), 스티저(sticher), 유튜브(youtube), 구글 플레이(google play), 그리고 아이허트 라디오(IHeart Radio)에서 들을 수 있다.

벅 조프리, 의학박사(Buck Joffrey, MD)
시카고 일리노이(Chicago, IL)에서

머리말

**"숲 속에 두 갈래의 길이 있었고, 나는 사람들이 적게
간 길을 택했다. 그리고 그것이 모든 것을 바꾸었다."**

– **로버트 프로스트**(Robert Frost)

나는 수련을 받은 의사다. 주로 머리와 목을 다루는,
구체적으로 말하자면 성형외과 의사다. 그리고 이 책
은 재정적 성공을 위한 나의 7가지 비밀을 제시한다.
당신은 이렇게 생각할 수도 있다. "내가 돈에 대한 충
고를 듣기 위해서 왜 재정 자문가가 아닌 의사에게 의
지해야 하지?" 결국 의사들은 돈을 잘 못 다루는 것으

로 악명 높지 않은가? 그 고정관념에 대해 반박하지는 않겠다. 많은 의사들은 높은 수준의 교육을 받지만 경제적으로는 까막눈과 마찬가지다. 일생의 대부분을 특화된 업(業)을 배우면서 'A' 학생으로 살아온 고연봉의 전문직들은, 대개 많은 돈을 다루는 방법을 배우지 않았다. 학교는 학생들에게 돈에 대해 가르치는데 시간을 할애하지 않는다. 결과적으로, 빈털터리에서 하룻밤 사이에 많은 돈을 버는 사람이 되면 그 돈으로 무엇을 할지 잘 모른다. 이는 예기치 않게 복권에 당첨된 육체노동자와 크게 다르지 않다. 갑자기 많은 돈을 버는 것은 이질적인 느낌이고, 불편함을 해소하기 위해 대부분의 사람들은 재정 자문가에게 의지한다. 그러나 재정 자문가들은 히포크라테스의 선서를 하고 주식, 채권, 뮤추얼 펀드 같은 전형적인 포트폴리오를 추천하는 것이 아니다. 그것이 문제가 실제 시작되는 지점이다. 개인 자산 관리의 전통적인 패러다임은 고연봉의 전문직들이 지금으로부터 한 세대가 지나면 빈털터리가 되어 버리게 만든다. 나는 경솔한 예측을 하는 것이 아니라 '수학에 기반하여' 예측한 것이다.

나는 누구인가? 나는 2008년에 수련을 끝낸 외과의 사로, 내가 아는 많은 선배 의사들은 직장 생활 말년에 주식시장에서 포트폴리오의 50~70퍼센트를 잃었다. 내 첫 '진짜 직업'은 기업체형 국립 회사에 의해 관리되는 높은 연봉의 안면 성형외과 의사였다. 그들이 원하는 방향으로 진료하지 않자 나는 해고당했고, 이로 인해 충격을 받았다. 나는 겉보기엔 꽤 터프해 보인다. 나는 키가 163cm, 몸무게가 107kg인 전 아이스하키 선수에서 수술 머신으로 변신하여 두개골에 구멍을 뚫고, 기도 확보를 위해 별다른 동요 없이 목을 찢었다. 그러나 해고당하고 나서는 마음 아파하는 10대처럼 며칠을 울었다.

최고급 학교에 들어간 A 학생들, 학급 회장, 금의환향하는 왕, 그 밖에 나와 같이 엄청나게 성공한 사람에게 이것은 특히 흔치 않은 감정이었다. 나만큼 똑똑하지 않은 사람이 나를 해고했고, 이는 확실히 유래 없는 일이었다. 나는 너무 실망했다. 내가 슬펐던 이유는 그 일자리를 원했기 때문이 아니라 해고당한 것은 실패이고, 대부분의 A 학생들과 같이 실패는 매우 이질적인 감정이었기 때문이다. 그 감정은 어린아이일 때 부모님께 꾸중을 들었으나 반격할 수 없다는 것을 깨달았을 때처럼 자존심을 깎아내린다. 몇 년 뒤, 해고 당한 일을 돌이켜보고 그것이 가장 좋은 일 중 하나였음을 깨달았다. 자존심에 대한 상처는 기업 활동과 투자에 관해 매우 중요한 두 가지 교훈을 주었다. 먼저, 당신의 자존심을 미리 확인하라는 것이다. 금융계에서 자존심은 치명적일 수 있고, 아무도 당신의 모교나 좋은 직함에 대해 신경 쓰지 않는다. 두 번째 교훈은 위기를 낭비하지 말라는 것이다. 한자에서 위기라는 단어는 또한 기회를 의미하기도 한다. 이는 짧지만 성공적인 내 커리어에서 실제로 그러했다.

해고를 당한 후 무엇을 해야 할지 모르는 것이 내 위기였다. 무엇을 하라고 명령받는 것을 싫어했기 때문에 다른 '일자리'를 얻는 것이 내키지 않았다. 다행히 신혼여행에서 집으로 돌아오는 길에 공항 서점에서 충동적으로 집어든 로버트 키요사키의 〈현금 흐름 4분면

〉을 읽었고, 이 책은 금융계에 대한 나의 시각을 단숨에 바꿔놓았다. 그리고 사람들이 적게 간 길을 택할 태도와 용기를 주었다. 그래서 경제나 비즈니스 관련 훈련을 받지 않은 상태에서 이 위기를 나만의 사업을 시작할 기회로 삼기로 결심했고, 18개월 후 나는 백만장자가 되었다. 오해하지는 말았으면 좋겠다. 그 과정에서 많은 도전과 차질이 있었지만 그 이후 몇 년에 걸쳐 다양한 고수익 사업을 시작했고, 내가 꿈꿨던 것보다 많은 돈을 벌게 된 것이다.

나는 그 돈을 주식시장에 넣거나 월 스트리트의 다음 경제 침체 때 모두 사라지게 하고 싶지 않았다. 대신, 나는 처음 돈을 버는 법에 대해 배웠던 것처럼 돈을 투자하는 방법에 대해 배우기 위해 강경한 부동산 투자가로서 성공한 나의 아버지인 로버트 키요사키의 지혜, 그리고 내 사업 거래 경험을 이용하기로 했다.

또 한 번 쉽지 않은 일이었다. 금융계는 사기꾼들에게 아주 매력적인 곳이다. 처음 이 미로에서 길을 찾는

데는 많은 대가가 따랐고, 이 미로는 나를 의기소침하게 만들었다. 그러나 나는 여기서 내 예상을 뛰어넘을 정도로 성공했다. 다른 의사들보다 10배 이상 돈을 벌면서 나는 새로운 의미로 힘을 가질 수 있다는 것을 느꼈다. 나는 다시는 경제적 무지함으로 인해 불안해하지 않을 것이고, 내 가족의 미래를 안전하게 지키기 위해 타인의 도움을 받지 않아도 될 것이다.

나는 경제적 자유뿐만 아니라 시간도 많아져서 딸들을 매일 학교에 데려다주고, 동네에서 막내딸을 유모차에 태우고 오랫동안 산책을 즐긴다. 때때로 사람들은 이렇게 묻는다.

"벅, 나는 당신이 의사인 줄 알았어요. 항상 일하고 있어야 하는 것 아닌가요?" "생계를 위해서 다시 하시는 일이 뭐예요?"

나만의 사업과 투자를 하면서 얻은 자유는, 지칠 줄 모르고 열심히 일해서 부유해진 사람들의 사회에서 나를 이례적인 사례로 만들었다. 자연스럽게 사람들은 내가 무엇을 하고 있는지 더 알고 싶어 했다.

허풍쟁이로 보이고 싶지 않았기 때문에, 이 질문들에 대한 내 대답은 대개 애매모호하고 전혀 유용하지 않았다. 사실은 의대 공부 이후 8년 만에 나는 완전 빈털터리에서 몇 천만 원을 벌어들이게 되었고, 이제는 언제든 '은퇴'할 능력이 있다.

이 책은 나의 '비밀'을 알고 싶어 하는 사람들을 위한 것이다.

분명히 말하자면, 이 책은 은퇴할 때까지 라떼를 마시지 않는 것과는 아무 상관이 없다. 그것은 현실이 아니라 당신을 가난하게 만들 빈곤한 생각이고, 나는 그런 생각을 지지하지 않는다. 이 책은 부를 위한 구체적이고 실행 가능한 새로운 뼈대를 창조하는 이야기다. 이 뼈대는 가정(if)을 최소한으로 사용하고 오래된 패러다임은 쓰레기통에 던져버린다. 이제 본격적으로 시작해보려고 한다.

01

오래되고 위험한
패러다임은
피하라

**"매일, 매달, 그리고 매년, 수백만 이상의 투자자들이
이 투자 체계의 어리석음을 점차 깨닫고
스스로 건사하기 시작할 것이다."**

– **존 보글(John Bogle)** 뱅가드 그룹(The Vanguard Group) 전 CEO

전 세계에서 가장 큰 보험회사 중 하나인 매스 뮤추얼(Mass Mutual)이 최근 시행한 설문조사에 따르면 베이비붐 세대는 저축한 돈보다 더 오래 사는 것을 가장 두려워한다고 한다. 죽음은 두 번째였다. 많은 사람들이 두려워하는 이유는 무엇일까? 그것은 아마 2008년의 경기 침체와 관련이 있을지 모른다. 혹은 아마도 2001년의 닷컴 붕괴나 지난 몇 십 년 동안 있었던 다른 주요한 시장 조정으로 인해 두려워하는 것일지도 모른

다. 이유야 어쨌든 간에, 많은 사람들이 본능적으로 자신의 재정 상황과 미래에 대해 불안해한다. 그리고 솔직히, 불안해하는 것이 맞다. 가장 큰 위기에 처한 것은 중산층이지만, 고연봉의 전문직도 영향을 받지 않는 것은 아니다. 우리는 과거만큼 부를 쌓기 위해 어느 때보다 노력하고 있지만, 보통 그 수준에 미치지 못한다. 한 예로, 건강관리 비용이 증가하고 있음에도 지난 10년간 의사들의 실질 수입은 매해 꾸준히 감소하고 있는데, 이는 뭔가 잘못되고 있는 것처럼 보인다.

1980년 미 대선 때, 로널드 레이건(Ronald Reagan)은 다음과 같은 유명한 말을 남겼다. "당신의 형편은 4년 전보다 나아졌습니까?" 논점은, 세계의 재정상태를 이해하기 위해 경제학적 지식을 꼭 갖춰야 하는 것은 아니라는 것이다. 물론, 2017년의 실업 상황은 2008년보다 나아졌고, 경제는 천천히 확장되고 있다. 하지만, '다시 행복한 날이 왔다'고 생각하는가? 만약 행복한 날이 다시 왔다면, 도널드 트럼프(Donald Trump)가 미국 대통령에 당선됐을까? 정치 외에도, 도널드 트럼프에서 브렉시트(BREXIT)에 이르기까지, 포퓰리즘 운동의 증가는 현 상태 유지에 대한 세계적 반감을 의미한다. 다른 요소들도 엘리트에 대한 저항에 기여했겠지만, 제임스 카빌(James Carville)은 이렇게 말할 것이다. '멍청아, 그건 경제 때문이야.' 재정적으로 스트레스가 없어 보이는 많은 전문직들도 허리띠를 졸라매고 있다. 몇 년 전, 의대에서 가장 좋아했던 교수님 중 한 분과 다시 연락이 됐다. 그 분은 지역에서 유명한 소아과 의사이고, 아이들을 돌보는 데 일생을 헌신하셨다. 뛰어난 의사가 된 것 외에도 소아과학의 다양한 질병과 기형에 관한 연구에 크게 기여하셨다. 그 분은 전형적으로 항상 공부하는 의사셨다.

나는 교수님을 몇 년 동안 뵙지 못했었다. 그런데 내 첫째 딸이 태어났을 때 우연히 교수님이 내 딸의 첫 검진을 담당하시게 됐다. 교수님은 나이가 드시긴 했지만 내가 좋게 기억하고 있던 매력과 에너지를 여전히 풍기고 계셨다. 그리고 교수님과 근황에 대해 이야기할 기회가 생겼다. 일은 꽤 잘 풀려왔고, 교수님은 행복해 보이셨다. 교수님의 아들이 스탠포드 대학을 졸업한 직후였고, 교수님은 이를 자랑스러워하셨다. 그러나 교수님이 부인과 함께 아들의 졸업식에 참석하셨을 때, 팔로알토(Palo Alto)의 물가가 너무 비싸서 학교에서 거의 1시간이나 떨어진 호텔에 머무르셔야 했다고 한다. 나는 교수님의 그 말씀을 잊지 못할 것이다. 2008년의 경제 침체는 도덕과 진실성을 가지고 열심히 일한 돈을 관리하기 위해 월 스트리트를 믿고 맡긴 많은 사람들을 힘들게 만들었다. 만약 교수님이 우리 아이들을 돌본 것과 같이 월 스트리트가 그 분의 돈을 돌봤다면, 교수님이 스탠포드 대학 근처에서 주무시는 데 아무 문제가 없었을 것이다. 다시 한 번 말하자면, 월 스트리트는 히포크라테스의 선서를 하지 않는 곳이다.

2008년에 시작된 엄청난 경제침체는 정말로 월 스트리트 탓이 크다. 이는 1929년 이후 최악의 경제침체였고, 대공황(Great Depression)과 제2차 세계대전이 끝나고 시작된 세계 경제의 안정기가 끝났다는 의미이기도 하다. 우리는 이를 본능적으로 이해하고 있고, 이에 대한 증거도 가지고 있다. 이는 유래 없는 경제 시기다. 2008년 경기침체 이후 미국 경제는 달팽이 같이 느리게 성장해 왔고, 그 성장은 심지어 최상위 0.1%에게만 불균형적으로 이득을 주었다. 맥킨지 글로벌(McKinsey Global Institute)에 따르면, 다음 세대는 제2차 세계대전 이후 부모 세대보다 더 가난한 첫 번째 세대가 될 것이라고 한다. 대부분의 가정들이 매년 경제 상황이 좋지 않거나 수입 감소를 경험하고 있고, 심지어 의사들은 의료 개혁으로 인해 수입이 계속 줄어듦에 따라 점점 더 심한 경제 불안정을 겪고 있다.

이를 잘못 이해해서는 안 된다. 미 연방준비제도이사회(the United States Federal Reserve)는 통화 정책으로 경제에 시동을 걸기 위해 노력해 왔다. 그러나 미 연방준비제도이사회가 사용할 수 있는 유일한 방법이 이자율 하락과 화폐 공급의 증가 즉, 더 많은 화폐의 인쇄라는 것이 문제다.

미 연방준비제도이사회가 경제 균형을 유지하기 위

해 통화 정책을 어떻게 사용하는지 살펴보려고 한다. 경제가 너무 빨리 성장하고 인플레이션 위험이 높으면 미 연방준비제도이사회는 이자율을 높인다. 이자율이 높으면 대출로 인해 치러야 할 대가가 더 커지기 때문에 결과적으로 기업들이 성장을 늦추기 때문이다. 즉, 이자율이 높으면 이자율이 낮고 돈이 '저렴할' 때처럼 빚을 갚는 것이 쉽지 않기 때문에 기업들은 돈을 빌리지 않고 성장을 늦추는 것이다. 높은 이자율은 자산 거품도 방지한다.

이 개념을 가장 쉽게 이해하려면 주택을 구매하는 경우를 생각하면 된다. 이자율이 5%일 때보다 1%일 때 10만 달러 집에 대한 융자 상환이 훨씬 쉽다. 따라서 이자율이 매우 낮으면 집값은 보통 상승하는데, 융자 이자 상환금이 매우 낮아서 집 자체에 더 많은 돈을 쓸 수 있기 때문이다. 반면, 이자율이 높으면 구입자가 높은 이자 융자에 대해 갚아야 할 추가 이자가 생기기 때문에 집의 가치가 떨어진다. 일반적으로 말하면, 주식을 포함한 모든 자산은 이자율이 낮으면 가격이 높아

지고 이자율이 높으면 가격이 낮아지게 된다. 미 연방
준비제도이사회는 온도를 측정하여 자산 거품과 과도
한 인플레이션을 방지하면서 경제가 꾸준히 성장할 수
있도록 온도조절 장치를 조정하려고 한다.

2008년 경기침체 전에는 이자율이 0%였던 적이 한
번도 없다. 이는 아마도 역사상 최악의 세계 경제 위기
에서 경제를 구하기 위한 유례없는 시도였을 것이다.
문제는, 이 책을 쓰는 시점에서 8년째 이자율이 거의
0%에 가깝게 유지되고 있다는 것이고, 그럼에도 불구
하고 세계 경제가 부진하게 성장했다는 것이다. 일본
과 같은 일부 국가들은 경제 활성화를 위해 마이너스
이자율을 사용하기도 했다. 이는 은행 예금자들이 은
행에 돈을 보관하기 위해 사실상 돈을 지불해야 한다
는 의미다. 미친 것 같지 않은가? 그렇지만 미국에서도
머지않은 미래에 이런 일이 생길 것이다.

미 연방준비제도이사회의 또 다른 화폐 정책은 양적
규제(quantitative easing) 혹은 쉬운 말로 '화폐 인쇄'를

통한 통화 공급 규제다. 화폐 공급의 증가는 경제에 시동을 걸어줄 것이라 생각된다. 2008년 이래로 미 연방준비제도이사회는 유례없는 작전을 통해 화폐 공급을 3~4조 달러 증가시켰지만 경제 성장에 거의 영향을 미치지 못한 것 같다. 반면 미국의 국채는 거의 20조 달러에 가깝게 치솟았다. 좀 더 자세히 이야기하자면, 우리가 미국혁명(American Revolution) 때문에 빚을 지기 시작한 1775년부터 2000년까지 미국은 약 5조 달러를 빌렸다. 최근 16년 동안, 미국 국채는 지난 225년에 비해서 4배나 증가했다.

간단히 생각해보자. 현 경제는 완전 엉망이고, 우리가 어디로 나아가고 있는지는 체제를 감독하는 엘리트들도 모른다. 즉, 현 경제는 큰 실험이고 2008년 이전에 사용했던 동일한 투자 가정은 사용하지 않는 것이 좋다. 그럼에도 불구하고 책임감이 있고 고연봉인 전문직을 가진 사람들은 대부분 안전하게 부를 축적하고 미래에 돈을 제공해 줄 수 있는 투자 계획을 세우는 것이 옳다고 믿고, 그렇게 행동하고자 한다.

그를 위해서 전문직들은 '전문가', 즉 신뢰받는 재정 자문가의 조언에 귀를 기울인다. 결과적으로 재정 자문가는 투자자의 부를 증식시키는데 별 관심이 없다. 자문가들은 본인이 중개료를 벌기에만 적합한, 구식이며 위험한 투자 패러다임을 제시한다. 이런 진부한 조언은 많은 가정에 기초해 있다. 예를 들어 자문가들은 매년 최소 7%의 수익과 2%의 인플레이션이 있다는 가정 하에 긍정적인 예상을 제시하며, 사회보장제도가 향후 몇 십 년 동안 지금과 동일한 형태일 것이라고 가정한다. 그리고 마지막으로, 은퇴 이후를 대비하여 매년 저축액 중 4%를 빼놓으면 모아놓은 돈이 당신보다 오래 남아있을 것이라 가정한다. 최근 역사에서 모든 세대가 그 전 세대보다 더 오래 살았음을 생각해보면, 베이비붐 세대 중에는 그 전 세대보다 100세까지 사는 사람이 훨씬 더 많을 것이다. 베이비붐 세대가 돈이 바닥날까봐 걱정하는 것은 이상한 일이 아니다. 나는 가정, 특히 오늘날과 다른 2008년 이전의 세계 경제를 위해 세운 가정을 좋아하지 않는다. 그리고 은퇴를 계획함에 있어 그런 가정을 사용하지 않을 것이다.

그렇다면 재정 자문가들은 왜 당신에게 똑같은 일을 하라고 계속해서 권유하는가?

먼저, 대부분의 재정 자문가들도 잘 모르기 때문이다. 그들은 대부분 부유하지 않기 때문에 투자에 대해 잘 모르고, 재정 자문가로 자격을 인정받는 것은 어렵지 않다. 그리고 재정 자문가들은 대부분 시장 성과와 상관없이 투자 중개료를 받는다. 돈을 지불하면, 매니저와 은행은 마치 한 무리의 독수리들이 그러하듯이 중개료를 갈기갈기 나눠 가진다. 포브스(Forbes)에 따르면, 뮤추얼 펀드에는 평균 3.5%의 비용이 든다. 즉, 당신이 뮤추얼 펀드에 투자하면 대가를 받기도 전에 3.5%가 수수료로 사라지는 것이다. 당신이 1,000달러를 투자하여 1년차에 수익이 7% 성장했다고 하자. 수수료는 1,000달러에서 3.5%를 공제한 금액으로, 당신의 투자 금액은 965달러로 감소한다. 1년 후, 7% 성장으로 당신의 돈은 1,032.55달러가 되어 수익률은 3.25%밖에 되지 않는다.

게다가 이런 수수료는 매년 부과된다. 뮤추얼 펀드가 지난 30년 간 당신이 들었던 10%가 아니라 평균 3~4%에 가까운 수익밖에 내지 못하는 것은 당연한 일이다. 전통적 패러다임이 제시하는 7% 성장의 가정으로 돌아간다면, 재정 자문가에게 지불하는 수수료가 이익이 아닌 계좌 잔고 기준으로 부과된다는 것을 기억해야 한다. 따라서 만약 시장이 1년간 완전 저조했다면, 뮤추얼 펀드로 인해 사실상 당신 돈의 3% 이상을 손해 볼 것이다. 확실히 밝히자면 회계와 같이 보상이 필요한 관리비 항목도 있다.

그런데 당신이 손해를 봐도 그 사람들이 돈을 받아야 하는가? 나는 그렇게 생각하지 않는다. 또한 재정 자문가들이 당신에게 추천한 펀드에 꼭 투자해야 하는 것도 아님을 기억해야 한다. 그렇지 않으면 재정 자문가들이 본인이 더 높은 중개료를 받을 수 있는 곳에 투자하도록 유도할 수도 있기 때문이다. 전통적인 금융업자들은 성공과 실패에 관심이 없는데, 당신의 승패와 상관없이 자신들은 이기기 때문이다. 월 스트리트는 당신이 돈을 벌도록 도와주는 곳이 아니며, 당신의 돈을 가져가기 위해 존재한다.

그렇다면 대안은 무엇인가? 돈을 저축 계좌에 넣고 안전한 곳에 보관하는 것일까? 오늘을 기준으로, 은행 저축에 대한 평균 이자율은 1% 미만이다. 반면 인플레이션은 1% 이상이다. 따라서 저축 계좌에 돈을 넣어두면 사실상 가치를 잃게 된다. 1980년대 초, 은행들은 최대 20%의 이자를 제공했고 이는 '저축'해야 하는 좋은 이유가 되었다. 그러나 이제는 아니다. 그렇기 때문에 로버트 키요사키가 '저축하는 사람은 패배자'라고 말한 것이다.

내가 운영하는 '부의 공식' 팟캐스트를 듣는다면, 인플레이션의 가속화가 임박했다는 나의 믿음을 확인할 수 있을 것이다. 우리는 2008년부터 4조 달러를 인쇄한 것의 진짜 결과를 아직 맞닥뜨리지 않았다. 그러나 우리는 결과를 보게 될 것이고, 결과를 보기 전에 아마 더 많은 화폐를 인쇄할 것이다. 화폐를 인쇄하면 논리적으로 화폐 가치가 떨어지는데, 이런 화폐 가치의 하락을 인플레이션이라고 부른다. 내가 어린 아이였을 때는 콜라 한 캔을 뽑기 위해 자판기에 0.5달러를 넣어야 했는데, 지금은 2달러를 넣어야 한다. 인플레이션은 이런 방식으로 돈에 영향을 주며, 그렇기 때문에 당신이 돈을 '잃게' 되는 것이다.

지금까지 나는 당신을 혼란스럽게 하거나 암울하게 만들었을 것이다. 힘내라! 이제 나는 더 나은 투자와 안전한 미래를 위한 방법을 대략적으로 설명할 것이다. 그를 위해 몇 백년간 전 세계의 부유한 가족이 사용해왔던 원리에 대해 논의할 것이다. 이것들은 새로운 아이디어는 아니지만, 어떤 이유 때문에 사람들은 그 원리를 잊어버린 것처럼 보인다. 사실, 이 개념들은 대부분의 역사에서 부를 축적하는 데 초석이 되어 왔다. 그것들을 다시 살펴보기로 한다.

부의 표면과 이면

어린 시절 나는 중산층 동네에서 자랐다. 그러나 이 광범위한 인구 통계학적 표현 내에서도 상당한 차이가 존재하기에 애매한 표현이라고 할 수 있다. 다시 말해, 일반적인 가정이 연간 15만 달러를 벌면, 대부분의 사람들은 중산층으로 간주한다. 그러나 매년 6만 달러 중반을 넘는 사람들도 자신을 중산층이라 여긴다.

이는 큰 차이다.

내가 살던 동네가 어땠는지 설명해 볼까 한다. 우리 가족은 80년대 초에 우리 집으로 이사를 했다. 그 지역은 여기저기서 많은 공사가 진행되고 있었다. 어렸을 때 하루가 다르게 생겨나는 집들은 거대해 보였다. 그 집들은 한결같이 두 개의 층에 더해 지하실이 있었고 큼직하고 멋진 마당을 가지고 있었다.

우리 동네는 미니애폴리스 북쪽 교외에 자리하고 있었다. 남부의 교외지역은 오래된 마을로 이뤄져 있었고 그곳엔 전반적으로 '부자들'이 살고 있었다. 어쨌든 어렸을 때, 나는 왜 이런 곳에 부자들이 몰려 사는지 잘 이해하지 못했다. 남부 교외의 많은 집들 중에서도 우리 집은 더 커보였다.

우리가 그 집을 매입했을 때 가격은 10만 달

러가 조금 넘었는데, 당시 그 지역의 전형적인 가격이었다. 남부 교외의 경우 다른 지역보다 최소 두 배는 더 비쌌다.

성인이 되어 내가 돈을 벌기 시작하면서 아내와 나는 마침내 우리 소유의 주택을 구입하게 되었다. 시카고 북부 교외에서 가장 부유한 지역 중 하나였고 대부분의 집들은 꽤 오래된 것들이었다.

50년 동안 그 집에서 살던 시카고의 유명한 억만장자 가족으로부터 매입한 주택이었다. 하지만 내가 구입했다고 하니 언뜻 생각하기에 이 집이 억만장자의 집이었다고 단번에 짐작하긴 어려울지도 모른다. 자, 분명히 말하지만, 그 집은 큰 부동산 위에 있는 대궐 같은 집이었다. 나는 결코 그 집을 작은 판잣집인 척 겸손하게 말하려는 것이 아니다. 절대로 강아지 집처럼 초

라한 주택이 아니었다. 도널드 트럼프 스타일의
주택을 알고 있을 것이다. 이 정도로 말하는 것
도 매우 절제된 표현이다.

　하지만 시간이 흐르면서 나는 이 집이 왜 그
렇게 비싸고 특별하지 깨달을 수 있었다. 그 안
에 있는 모든 것들에 이야기가 깃들어 있었다.
도서관의 바닥 목재는 18세기의 배에서 가져온
것이었다. 모든 벽난로는 미국 초기 정착지이자
동부 해안의 역사적인 주택에서 가져온 것들이
었다. 심지어 식민지 윌리엄스 버그에 있는 집
을 똑같이 복제한 창고도 있었다.

　문고리는 모두 튼튼했고 문 자체도 아주 재질
좋은 나무로 만들어져 있어서 보는 것만으로도
멋졌다. 몇 개의 방은 벽지를 바른 것이 아니라
스텐실로 처리되어 있었고, 일부 나무 패턴은
직접 손으로 그린 것이었다.

그렇다고 이 집이 화려하냐 하면 그런 것은 아니었다. 다만 모든 것이 그냥 진짜였다. 모든 소품 하나하나에 영혼이 깃든 충만한 집이었고 모든 게 훌륭했다. 이 집이 좋았던 이유다.

어쨌든, 우리 집으로 이사온지 1년쯤 후에 미네소타에 살고 있는 부모님을 뵈러 갔다. 옛 동네로 차를 몰고 들어갔을 때 나는 전에는 전혀 알아채지 못했던 사실들을 깨닫기 시작했다. 예를 들어, 내가 자란 집은 벽돌로 된 외관을 갖고 있었지만 앞면에만 있었다. 집 뒤쪽에는 벽돌 하나 없었다. 사실, 거리에 있는 모든 집들은 정확히 똑같이 지어져 있다는 걸 알 수 있었다.

집으로 들어갔을 때, 문들이 얼마나 가벼운지 알 수 있었다. 모양은 진짜 나무처럼 보였지만 감촉은 전혀 그렇지 않았다.

내가 말하고자 하는 요점이 무엇인가? 다른 사람보다 잘난 척을 하려는 것은 아니다. 나는 그때 진정한 부는 진짜여야 한다는 것을 깨달았다.

이는 단지 주택이나 다른 물질적인 것에만 적용할 수 있는 것이 아니다. 그것은 또한 사람에게도 적용할 수 있다. 우리는 우리가 가져야 할 핵심 가치와 무결성에 대해 하루 종일 이야기할 수 있다. 그것은 모든 사람들이 주택을 정면으로 바라보는 것과 똑같다. 그리고 이러한 실제적 특성은 그들이 도전을 받을 때, 핵심 가치와 무결성을 유지할 수 있게 해준다.

슬프게도, 나는 개인의 개성과 무결성이 현실의 무게에 눌려 무너지는 모습을 여러 번 보아왔고 그것은 결코 아름다운 광경이 아니었다.
나는 분명 완벽한 사람도 아니고 그런 척도

하지 않는다. 나 역시 다른 사람들과 마찬가지로 약점과 단점을 가지고 있는 불완전한 인간이다. 하지만 내 가치를 떨어뜨리면 속이 메스꺼워지고 그것은 나를 갉아먹는다. 그래서 나의 진실성을 유지하기 위해 이기적으로 열심히 노력한다.

청렴한 사람이 되는 것은 스스로에게 힘을 실어준다. 이를 위해선 유지 보수가 필요하고 손이 가지만, 꾸준히 행하면 반드시 배당금이 돌아온다.

왜 부자는
밤에 잠을 잘 자는가?

최근 주식시장이 활활 타오르고 있다. 어쨌든 그게 내가 판단하고 있는 관점이다.

주식시장이 어떻게 돌아가고 있는지는 내게 별로 중요하지 않다. 나의 투자에 관한 핵심 가치는, 나는 투기꾼이 아니라는 점이다.

사실, 내가 투자한 대부분의 기간 동안, 나는 좋은 결과를 위해 기도하는 것을 멈추고 초보자들로

부터 그것들을 기술적으로 다루는 방법을 배웠다.

만약 여러분의 투자에 더 많은 통제가 필요하고 기도에 덜 의존한다면, 여러분은 아마도 밤에 잠을 더 잘 잘 수 있을 것이다.

그렇다면 자산 가격 폭등과 변동성의 세상에서 어떻게 하면 여러분의 단점을 완화할 수 있을까?

다시 한 번 강조하자면 여러분이 통제할 수 있는 것은 통제할 수 있다는 것이다.

예를 들어, 부동산을 구입할 때 나는 감사라는 생각을 좋아한다. 몇 년 안에 구입한 가격의 두 배에 달하는 가격으로 자산을 팔 수 있다는 생각도 마음에 들긴 하지만, 그것은 전혀 전략이 아니다.

여기에 전략이 있다. 현금 흐름이 확실한 자산을 매입해서 개선하고 임대료 인상을 통해, 향후 몇 년 동안 해당 부동산에서 창출되는 순소득을 늘리는 것이다. 이렇게 몇 년이 흐르면 훨씬 더 많은 현금흐름을 창출할 수 있는 자산을 갖게 된다.

만약 폭등하던 경제가 조정 국면에 들어간다면 어떻게 될까?

대부분의 경우 답은 '누가 신경 쓸까?'이다.

투자자로서 우리의 목표는 매각하고 싶지 않은 자산을 획득하는 것이어야 한다.

만약 당신의 부동산에서 두 자리 수의 수익이 발생하고 있고, 시장이 그 부동산을 좋은 가격으로 평가하지 않는다면, 부동산을 그저 보유하고 있으면 될 것이다.

그리고 다음 번 거품이 생기고 사람들이 공예품에 바보 같은 돈을 쓰기 시작한다면, 여러분은 그 부동산을 팔고 싶을 때 팔면 된다.

여러분의 관점을 조금만 바꿔 사업주처럼 생

각하기 시작하면 도움이 될 것이다.

나는 여러 사업체를 가지고 있다. 이것들은 얼마의 가치가 있을까? 나는 팔려고 하는 것이 아니기 때문에 잘 모른다. 하지만 다른 한편으로 내 사업체 중 하나가 현금흐름이 긍정적이지 않을 때를 잘 알고 있다.

투자자로서 그렇게 생각해야 한다. 비록 여러분의 투자가 현금 유동성이 좋은 자산이 아닐지라도 의심할 만한 이유가 있는지 자문해 보라. 만약 당신이 투자를 한 단 하나의 이유가 가격이 오를 것이라고 생각했기 때문이라면, 당신은 통제력을 잃게 될 수 있다.

나는 암호화폐 시장에 대해 추측해 본다. 하지만 나는 자본을 배치하기 전에 많은 연구를 한다. 만약 당신이 어떤 타당한 이유도 없이 단지 무언가에 돈을 쏟아 붓고 있다면, 당신의 추측보다 더 나쁜 결과를 얻게 될 것이다. 그것은 도박을 하는 것이다.

우리가 지금 보고 있는 것과 같은 폭등 시장은 매우 매력적이다. 감정을 제어해야 하기에 솔직히 투자하기 가장 어려운 시기이다. 워렌 버핏은 모두가 두려워할 때 사고, 모두가 욕심을 부릴 때 팔아 치우라고 제안한 것으로 유명하다.

우리는 지금 탐욕의 경제시대에 살고 있다.

따라서 합리적인 기회를 찾지 못하고 있다면, 약간의 현금을 아껴두는 것을 두려워하지 마라. 그리고 그 현금은 유동성 시장에서 쉽게 접근할 수 있고, 중간 정도의 성장을 제공하는 부의 공식에 들어맞는 곳에 투자하는 편이 좋다.

결국 오르는 것은 내려와야 하고 닭들은 보금자리로 돌아올 것이다. 미리 준비하라.

02

자본 이익이 아닌
현금흐름이
황금 수갑으로부터
당신을
자유롭게 한다

"은퇴 때문에 자본 이익에 투자하는 것은 물 한 병을 가능한 한 가득 채워놓고, 목말라서 죽는 것이 아니라 다른 이유로 죽기를 희망하면서 물을 약간만 홀짝이는 것과 같다."

– 벅 조프리(Buck Joffrey, MD) 의학박사, 부의 공식 팟캐스트

내가 당신과 나누고자 하는 것은 '부자가 되는' '부의 공식'이다. 먼저 나는 부를 달러가 아닌 시간으로 측정하고자 한다. 즉, 하고 싶은 일을 할 시간이 많을수록 더 부유한 것이다. 매달 8,000달러로 인생에서 하고 싶은 모든 것을 할 수 있고 이를 위해 일을 하지 않아도 된다면 나는 당신이 부유하다고 말할 것이다. 반면, 나는 많은 사람들이 '부자'라고 생각하는, 연 30만 달러까지 버는 고연봉의 전문직들을 많이 알고 있지만 그

사람들이 부유하다고 생각하지 않는다. 계속해서 시간과 돈을 맞바꾸지 않으면 필요한 돈을 지불할 수 없을 것이기 때문이다. 이는 다른 말로 "황금 수갑(golden handcuffs, 직원이 퇴사하면서 상실하게 되는 경제적 이득 요소를 의미함)"이라고 알려진 함정이다. 이 전문직들은 은퇴를 위해서 저축하고 있을 수 있으나 투자를 통해 현금 흐름을 축적하고 있지 않기 때문에 은퇴 때까지 계속해서 시간을 돈과 맞바꿔야 한다.

그렇다면 황금 수갑에서 자유로워질 수 있는 방법은 무엇인가? 나는 양도소득이 아닌 현금 흐름에 대한 투자에서 자유가 시작된다고 믿는다. 내가 한 기업을 1백만 달러에 샀다고 하자. 그 기업의 가치는 경제 상황과 사람들이 느끼는 내재적 가치에 따라 바뀔 것이다. 물론, 가치 변동에는 다른 많은 요소들도 영향을 끼친다. 그러나 내가 기업의 가치에 매일매일 신경쓰는 것은 아니다. 내가 적극적으로 기업을 팔고자 하는 것이 아니라면 다른 사람들이 내 기업의 가치를 1백만 달러라고 하든 2백만 달러라고 하든 상관없다. 더 중요한 것은 기업이 매달 내게 가져다주는 돈이고, 그 돈이 바로 현금 흐름이다. 내가 기업을 1.2백만 달러에 팔았다면 추가로 얻는 20만 달러가 자본 이익이 된다. 자본 이익을 버는 것이 좋아보일지 모르나, 매매를 하는 순간 당신이 매달 벌어들이던 돈은 갑자기 일정량의 현금이 되어버리고 만다. 주식시장에 투자하면 당신은 회사의 매우 작은 부분만을 소유하게 된다. 그런 경우, 당신은 현금 흐름이 아니라 자본 이익을 기대하고 있는 것이다. 기업 가치가 상승하면 당신의 주가도 상승하게 되는데, 이는 마치 카지노에서 이기는 것과 같이 매우 유혹적이다. 칩 더미가 점점 쌓이는 것을 보고 천하무적이라고 느끼지만 결국 행운의 여신은 등을 돌리게 되고, 언제나 카지노가 이기게 되어있는 것이다.

강세 시장은 가장 훌륭한 사람들을 유혹할 수 있고 심지어는 내 아버지도 그 꾐에 넘어갔다. 1990년대 말 이전에, 아버지는 부동산 업계에서 30년간 임대업에 종사하셨고, 느리지만 확실하게 현금 흐름을 모으면서 수십만 달러를 벌어들이셨다. 아버지는 인도에서 매우 가난하게 자라다가 공학 장학금을 받아 1960년대에 미국에 오셨고, 1990년대 말에는 아메리칸 드림을 이뤄낸 백만장자였다. 아버지는 별나게 똑똑한 분이셨다.

나 또한 꽤 괜찮은 학생이었지만 아버지 같지는 않았다. 나는 딱 한 번을 빼고는 학교 숙제에 대해 아버지께 도움을 청한 적이 없다. 고등학교 때 한 미적분 문제 때문에 쩔쩔매다가 아버지께 도움을 청했던 기억이 난다. 아버지께 문제를 봐달라고 했을 때 전화가 왔고, 아버지는 세입자와 고장 난 음식물 쓰레기 처리기에 대해 이야기를 시작하면서 한 봉투 뒷면에 미적분 문제를 적기 시작했다. 30초 후에, 여전히 세입자와 이야기하면서도 아버지는 나를 1시간 동안 쩔쩔매게 했던 문제를 풀고 정답에 동그라미를 쳐서 봉투를 내게 건네주셨다. 그러면서 세입자와의 대화도 놓치지 않았다. 이것은 상당히 깊은 인상을 주었고 나를 꽤 초라하게 만들었다. 나는 다시는 아버지께 수학 문제를 여쭤보지 않았다. 그럼에도 불구하고 1990년대 말, 그런 멋진 아버지도 앨런 그린스펀(Alan Greenspan)의 주식시장의 신기루에 넘어갔다. 평범한 사람들도 기술 주식을 사서 백만장자가 되고 있던 때였다.

1999년 12월 휴일에 집에 갔을 때, 아버지는 다시 대부분의 시간 동안 통화하고 계셨다. 그러나 이번에는 상황이 달랐다. 아버지는 세입자들과만 이야기하시는 것이 아니라 주식 브로커들과도 통화하고 계셨고, TV는 온종일 주식전문 채널에 맞춰져 있었다. 아버지는 주식시장에서 수백만 달러를 벌 수 있을 것이고 그게 임차료를 걷는 것보다 훨씬 쉽다고 말씀하시면서 힘들게 번 돈을 시장에, 특히 기술 분야에 더 투자하기 위해 재산을 팔기 시작하셨다. 임대주가 되는 것보다 매력적으로 보이긴 했지만 나는 여전히 그것을 그리 믿지는 않았다. 몇 달 후 거품이 터졌고 1조 달러라는 세계의 자산이 증발해버렸다. 어머니는 공황 상태로 내게 전화를 걸어왔다. 아버지께서는 모든 것을 잃었으며, 조금 남은 것을 가지고 인도로 돌아간다고 말씀하셨다!

어머니가 농담하시는 거라고 생각했지만 아버지께

전화 드렸을 때, 뭔가 달랐다. 아버지는 평소 근심걱정이 없지는 않았지만, 내 생애 처음으로 아버지의 목소리에서 두려움을 느꼈다. 아버지는 단 며칠 만에 재산의 90%를 잃으셨다. 아버지께 남은 것은 팔 수 없었던 건물 몇 채였는데, 이것이 부모님의 유일한 수입원이 되었다. 이 상황을 믿을 수 없었다. 엄청 똑똑하고 경제적 지식도 있는 아버지가 어찌 단 몇 주 만에 몇 백만 달러를 잃는단 말인가? 정답은 매우 간단했다. 복잡한 미적분 문제를 쉽게 풀어내는 사람조차도, 주식시장에서 무슨 일이 일어날지 예측할 수 없다는 것이다. 극소수의 사람만이 주식시장 거품에 갇혔을 때 자신의 상황을 인지한다. 만약 사람들이 미리 알아챈다면 자산 거품 같은 것은 없을 것이다! 시장이 상승세를 타면 "야성적 충동(animal spirits)"이 커져서 탐욕이 만연하고, 그것은 큰 파티가 된다. 그러나 거품이 꺼지면 파티는 끝난다.

은퇴에 대비한 이러한 유형의 투자에는 최소한 두 가지 중요한 위험이 있다.

첫째로, 공개 거래 주식의 가치는 대부분 추측에 기반하고 있다. 이는 카지노에서 배팅하는 것과 비슷하다. 주식 가치는 임의적일 수 있고, 닷컴 시대와 2008년에 보았듯이 상당히 불안할 수 있다. 2008년의 투자자들은 어째서 며칠 만에 포트폴리오 가치의 반 이상을 잃게 된 것일까? 그것은 좋은 질문이고, 답하기 정말 어려운 질문이기도 하다. 우리는 그 일이 은행 실패와 주택 거품에서부터 시작됐다는 것을 알고 있다. 그러나 포트폴리오가 50% 급락하도록 파급 효과를 초래한 것은 무엇인가? 공개 거래 주식의 주식 가치는 수입보다는 가치 평가의 영향을 받는다.

가치 평가는 기업의 가치를 결정하는 방식이다. 가장 흔하게 기업 가치는 기업 이익의 몇 배와 맞먹는다. 당신이 베이커리를 소유하고 있고, 매년 10만 달러의 이익을 얻는다고 하자. 그 기업의 가치는 이익의 3배까지도 매겨질 수 있다. 따라서 당신이 그 베이커리를 판다면 30만 달러를 받을 것이라 예측할 것이다. 주식시장에서 가치 평가는 일반적으로 훨씬 높고, 보통 별다른 이유 없이 매일 변한다. 예를 들어 오늘 어도비 시스템즈(Adobe Systems)가 뉴욕 주식시장(New York Stock Exchange)에서 수입보다 149배 높은 가격에 거래되었다. 정말 비싸지 않은가?

그렇다. 조지 소로스(George Soros)와 짐 로저스(Jim Rogers) 같은 전설적인 트레이더들이 주식시장 붕괴를 적극적으로 믿는 주요한 이유는, 비교적 적은 수입을 가진 공개 거래 기업들에게 매우 높은 가격이 측정되어 있기 때문이다. 가치 평가가 너무 부풀려지면, 주식 가치를 과학적으로 설명할 수 없게 된다(비록 0%에 가까운 이자율이 그의 한 원인이지만 말이다). 이런 점에서 주식시장은 카지노에서 도박하는 것과 별반 다를 것이 없고, 현재로서는 큰손들이 이에 반대하고 있다. 은퇴에 대비해 진정 이런 방식으로 투자하고 싶은가?

주식 투자에 대한 두 번째 주요한 문제는, 얼마를 절약하든 간에 돈은 한정되어 있다는 것이다. 은퇴 때문에 자본 이익에 투자하는 것은 물 한 병을 최대한 가득 채워놓고 목말라 죽기 전에 다른 이유로 죽기를 희망하면서 살짝 목만 축이는 것과 같다. 이는 많은 사람들이 자산보다 더 오래 살아남는 것을 두려워하는 이유를 설명해준다.

대안은 무엇인가? 주식시장에서는 배당주(dividend paying stock)에 투자할 수 있다. 배당주는 당신이 소유하고 있는 주식으로, 이 주식은 일부 수입을 주주들에게 나눠준다. 예를 들어, 당신이 웰스 파고(Wells Fargo) 주식을 소유하고 있고 현재 기준으로 매년 3.2% 가량의 지불금도 받을 수 있다고 하자. 하지만 내가 배당주 투자에 찬성하지 않는 이유는, 먼저 배당금이 매우 낮기 때문이다. 웰스 파고의 경우 1천 달러를 투자하면 그를 통해 연 32달러의 수익을 얻게 될 것이다. 내 투자는 대부분 수익률이 10% 이상으로, 수익률이 7% 아래로 떨어지면 나는 그것을 실패한 투자라고 본다. 배당금 주식을 좋아하지 않는 또 다른 이유는 역시 매우 변동이 심한 주식시장에 노출되어 있기 때문이다.

시장이 당신이 주식을 소유하고 있는 회사와 전혀 관

계없는 이유로 망하더라도 당신의 배당금 역시 줄어들게 될 것이다. 웰스 파고 주식이 그런 일을 겪었고, 주주들은 상황에 대해 어떤 통제도 할 수 없었다. 이는 다시 당신이 '카지노'의 자비에 처한 것과 비슷한 상황이 된다. 그럼에도 불구하고 자본 이익에 대한 투자보다는 배당주에 대한 투자가 낫다고 생각하고, 가급적이면 공개 거래 시장을 아예 피하는 것을 더 선호한다.

자본 이익에 대한 투자와 반대로 은퇴 상황에서 현금 흐름에 투자하면 투자에 관한 많은 수수께끼가 없어지고, 은퇴하기 위해서 얼마나 투자해야 하는지 추측할 필요가 없다. 즉, 은퇴하고 싶을 때 언제든 은퇴하면 된다.

현금 흐름에 대한 접근법을 이용한 은퇴 투자는 다음과 같은 방식으로 이루어진다. 먼저, 투자 대상을 찾아낸다. 현금 흐름에 대한 투자 중 가장 흔한 방법인 부동산을 예로 들기로 한다. 알라바마(Alabama)에서 1세대용 주택을 매매 및 관리하는 '턴키방식(turn-key)'의 서비스를 하는 친구가 있다. 이는 그 회사가 세입자와 화장실을 관리할 뿐, 당신을 직접 상대하는 것이 아니라는 의미다. 융자금과 비용을 들이면, 투자에 따라 투자자가 가지는 수익은 10% 이상이다. 이 문제에서 수익률이 15%라고 하고, 알라바마의 이런 집들은 보통 10만 달러 미만이지만 쉬운 계산을 위해 각 집이 10만 달러라고 가정해보자. 당신은 그 자산에 20%를 투자하거나 8만 달러의 융자를 끼고 2만 달러를 투자하게 된다. 당신은 투자에 대한 15%의 수익과 함께 매년 3,000달러를 추가 수입으로 가지게 될 것이다.

더 좋은 점은, 융자를 낀 부동산이기 때문에 매년 3,000달러의 수입이 면세가 될 가능성이 높다는 것이다. 이렇듯 수치를 이용하면 계산의 예측이 더 쉬워진다. 계속해서 투자하면 매달 수입은 증가하게 된다. '수동적인' 수입이 직장을 그만둬도 충분할 정도가 되면 은퇴할 수 있게 된다. 시간이 지날수록 추가적인 수동적 수입(패시브 인컴)의 '증가'를 통해 투자 능력이 증대되고, 따라서 더 빨리 경제적 자유를 얻을 수 있는 것이다. 이 예시는 단순화되긴 했지만, 얼마든지 예시를 훨씬 더 복잡하게 만들 수 있고, 돈을 더 빠르게 증식시킬 수도 있다. 현금 흐름 투자의 요점은 수입을 생각하는 것이다. 당신은 주식이 아니라 시간을 요구하지 않는 추가적인 수입의 흐름을 사들이는 것이다.

현금 흐름 투자의 간결함과 단순성을 전통적인 자본 이익 투자의 예측 불가능성과 비교해보면 왜 현금 흐름 투자가 더 타당한지 쉽게 이해할 수 있다. 앞서 논의했듯이 시장 변동성과 전무후무한 경제 상황으로 인해 전통적 주식 투자는 도박만큼 위험하다. 게다가 은퇴 후 저축한 돈보다 당신이 더 오래 살아남지 않기 위해 돈이 얼마나 필요한지는 어떤 재정 자문가도 알려줄 수 없다. 반면, 현금 흐름 투자 - 혹은 수입을 사들이는 것 - 는 당신보다 더 오래 살아남을 돈의 흐름을 창출하는 것을 의미한다. 앞선 예시에서, 자본 이익에 대한 투자를 물병을 채우고 목말라 죽기 전에 다른 이유로 죽을 것이라는 희망을 가지고 물을 조금 홀짝거리는 것에 비유했다. 만약 당신이 여러 수입 흐름을 가지고 있다면 목말라 죽지 않을 것이고, 돈이 다 떨어지지 않고 당신의 후손에게 전해질 수 있다. 그것이 더 안심되지 않는가?

지금 당신은 이렇게 생각하고 있을 것이다. '현금 흐름을 위한 추가 자금을 어디서 구하지?' 좋은 질문이다. 그에 대한 한 가지 답은 IRA(Individual Retirement Account; 개인 퇴직금 적금)다. 당신은 주식, 채권, 뮤추얼 펀드가 아닌 다른 것에 투자하기 위해 은퇴 자금을 사용할 수 있다. 은행은 사람들이 이에 대해 아는 것을 원치 않기 때문에 대부분의 사람들은 이에 대해 모르고 있다. 이 사실에 대해 사람들이 모르기를 바라는 이유는, 만약 당신이(반드시 은행과 중개 회사를 통해 사들여야 하는) 주식, 채권, 뮤추얼 펀드에 투자하지 않는다면 은행은 당신에게서 중개료를 받아내지 못해 돈을 벌지 못하게 되기 때문이다. 사실은 임대 자산, 금, 빚 등 뭐든지 IRA를 이용해 살 수 있다. 부의 공식 팟캐스트 23편을 들으면 이에 대해 모두 알 수 있게 된다.

현금 흐름에 대한 투자가 수입 흐름을 사는 것과 같다는 것을 이해했으니, 무엇을 살지에 좀 더 집중해보려고 한다.

돈은 더러운 것이 아니다

18세기에, 메이어 로스차일드는 오늘날 2조 달러가 넘는 것으로 추정되는 은행 제국을 세웠다.

그는 어떻게 그렇게 할 수 있었을까? 음... 그중 일부는 자신의 종교 때문이었다.

알다시피, 메이어는 기독교 교회가 모든 경우에 이자를 부과하는 것을 금지했던 당시 유럽에 살던 유대인이었다. 하지만 은행산업은 그러한 고리대금업을 했기 때문에 기독교인들에겐 출입이 금지된 대상이었다.

그러나 교활한 기독교 기득권들은 이러한 금지를 피할 수 있는 방법을 만들어냈다. 탈무드에는 그러한 금지가 없었기 때문에 유대인이 자본의 중간 상인을 해도 상관이 없다는 것이었다. 물론 이러한 해석은 율법에 대해 심각한 모순을 불러 일으켰지만, 로스차일드 가문에게는 유리하게 작용했다.

로스차일드는 결국 이러한 과정을 거치며 자신의 지위를 이용하여 세계에서 가장 거대한 부를 창조했다.

로스차일드 이야기는 당신의 신념 체계가 돈과의 관계에 어떤 영향을 미칠 수 있고, 궁극적으로 당신의 재산 형성에 어떤 영향을 미칠 수 있는지를 가늠하게 하는 전형적인 예이다.

물론 그때 이후로 세상은 진화해 왔을까? 아니라면... 어떻게 되었을까? 아직도 돈을 더러운 것으로 보는 사람들이 있는 것 같다.

물론 사람들은 밖으로 대놓고 그렇게 말하진 않지만, 강하게 형성된 저변의 정서이기도 하다.

의사들을 예로 들어보자. 한 때는 나도 그들 중에 포함되는 사람이었다. 이제 요즘 나는 신문에 무슨 이야기가 나오는지 신경을 쓰고 있다. 특히 오바마 행정부는 의사들이 돈에 굶주려 있고 이윤을 추구하는 집단으로 묘사하고 있다.

진실은 그들 또한 99%는 그런 특징과 전혀 다를 수 없다는 점이다.

오히려 그들 중 대다수는 병원이나 대기업에

서 일하는데, 그들이 이익을 좋아하지 않는 것처럼 말하는 걸 인정할 수 없다.

지난 수십 년 동안 병원 CEO와 제약산업은 매우 부유해졌다. 반면에 인플레이션 등의 통제 하에 있는 의사들은 지난 30년 동안 전반적으로 급여가 감소했다.

의사들은 재정적인 면에서 바보들이다. 이들의 무지는 시스템의 다른 모든 구성원들에게 돈 줄 역할을 하는 결과를 초래했다.

이는 정말로 의사들 자신의 잘못이다. 의사들은 스스로의 역할을 신의 일을 대신하는 것으로 보고 있으며, 돈에 관해서는 어떤 논의도 터부시하는 것처럼 보여왔다.

그래서 의사들은 돈에 대해 배우려고 시간을 할애하지 않는다. 그리고 그들은 다른 의사들이 이윤을 추구하는 모습을 보았을 때 의사의 성격에 맞지 않게 행동한다며 이단자로 간주하기도 한다.

나는 시카고에 몇 군데 의료 사업체를 운영하고 있다. 내 의사들은 일을 아주 잘해서 많은 사람들을 돕고 있다. 환자들이 계속 들어오도록 하기 위해, 우리는 미친 듯이 광고를 한다.

왜냐고? 왜냐면 우리는 바쁘고 싶기 때문이다. 우리는 가족을 위해 일하고, 사람들을 돕고, 더 많은 돈을 벌고 싶다. 그게 뭐가 잘못됐는가?

흠... 시카고 의사사회는 나를 별로 좋아하지 않는다고 말할 수 있다. 그들은 내가 광고하는 것을 좋아하지 않는다. 그들은 우리가 매우 바쁜 것을 좋아하지 않고, 내가 뭔가 잘못하고 있다고 생각한다.

왜? 돈은 더러우니 이윤을 남길 일을 해서는 안 되기 때문이다.

이렇듯 나는 의사사회가 볼 때 이단자이다. 나는 돈에 대해 이야기하고 돈을 벌기 위해 필요한 일하는 걸 부끄러워하지 않기 때문이다.

돈에 관한 현대적 관점이, 왜 메이어 로스차일드에게 거대한 부와 권력을 창출할 기회를 주었던 18세기의 믿음 체계와 다른 것일까?

의사의 믿음 체계인 종교는 돈은 더럽기 때문에 말해서는 안 된다는 것이고, 의사들은 그러한 믿음 아래에 있다.

그래서 의사들은 무엇을 할까? 그들에겐 현대적인 율법의 해석, 즉 재정 자문가들을 필요로 한다.

그들에게 더러운 일을 하도록 맡기는 것이다.

나는 내 의사 친구들을 사랑한다. 하지만 돈에 대한 이러한 태도는 만연되어 있고, 나는 그런 태도가 많은 의사들을 파산하게 만들지 않을까 두렵다.

"의사 선생님, 당신은 돈이 더럽지 않다는 사실을 인정해야 할 때입니다. 당신은 그저 재정적 문맹자일 뿐이에요."

재정 목표를
마음속으로 이동하는 방법

짐 론은 "대부분의 평균적인 사람들은 5명과 가장 많은 시간을 함께 보낸다."는 유명한 말을 남겼다.

나에게 그 5명은 다음과 같다.

아내 : 스탠포드 대학과 런던 정경대학원을 나온 42세의 아름다운 패션 사업가다.

8살 난 딸 : 우리는 이 아이를 '위험 평가 슈퍼모델'이라고 부른다. 멋진 괴짜다!

다섯 살배기 딸 : '아기 폭탄'이다. 입맞춤을 멈출 수 없는 그런 종류의 주스 같은 느낌의 아이다.

두 살배기 딸 : 미칠 듯이 똑똑하고, 활기찬 한 줌 이상의 아이.

필 : 산타바바라에 있는 내 유일한 직원이다. 최근 UCSB 대학 영화 및 미디어 학과를 졸업했다. 홍콩에서 온 매우 똑똑하고, 매우 창의적이지만 약간 체계적이지 않다.

그래서 나의 경우는, 짐 론의 말이 맞는지 잘 모르겠다. 나에겐 그 다섯 사람이 아닌 것 같다. 그렇긴 하지만 나는 그 말의 의미를 이해한다.

나는 모든 사람들이 대학에 진학할 것으로 기대되는 예비학교에 다녔다. 그리고 실제로 모두가 대학에 진학했다. 갑자기 고등학교 마지막 AP 영어 수업이 생각난다. 주위를 둘러보고, 반 친구들을 보면서, 모두가 어디로 향할지 생각하던 것이 기억이 떠오른다.

2명은 예일, 1명은 스탠포드, 1명은 하버드, 2명은 애머스트, 1명은 윌리엄스, 나는 컬럼비아에 진학했다. 나머지는 기억이 나지 않지만 AP 영어수업에는 10명밖에 없었고, 1992년도 전체 수업에는 120명 정도의 아이들이 있었다.

그것은 우리가 예비학교 학생이었고 평범한 아이들 보다 더 똑똑했기 때문이었을까? 아니다. 우리의 기대는 남달랐다. 우리는 대학에 진학할 것이라는 기대뿐만 아니라, 일류 대학 이하의 학교는 받아들일 수 없다는 것을 알도록 프로그램 되어 있었다.

그리고 우리 모두는 그것을 이뤄냈고 우리의 성공에도 그다지 놀라지 않았다. 물론 우리 주변에 있는 환경도 확실히 도움이 되었다. 예를 들어, 학교의 명성은 우리가 일류 대학에 들어가는 것을 더 쉽게 해주었다. 하지만 이것은 모두 짐 론이 말한 '당신은 5명과 가장 많은 시간을 함께 보낼 것이다.'와 깊은 관련이 있다.

나는 부에 관해서도 같은 원칙이 진실로 보인다는 사실을 발견했다. 만약 여러분의 친구들이 모두 1년에 10만 달러 이하를 버는 사람들이라면, 여러분도 아마 1년에 10만 달러 이하를 벌 것이다. 반면에, 만약 여러분이 백만장자 기업가라면, 여러분은 아마 다른 많은 백만장자들과 어울릴 것이다.

어쨌든 자연스럽게 그렇게 된다. 진짜 중요한

문제는 우리가 우리 자신의 현실에 따라, 관계에서 벗어난 사람들의 집단에 속한다고 믿도록 스스로를 조종할 수 있느냐 하는 점이다.

나는 이 질문에 대한 답을 '예'라고 믿는다. 예비학교의 예로 돌아가 보겠다. 우리 부모님은 내가 사립학교에 가기를 원하셨기 때문에 나를 예비학교에 보내려 하지 않았다. 나는 6학년(고 3) 때 가장 친한 친구가 이미 예비학교에 다니고 있었고, 그는 학교 급식에 대해 열변을 토했기 때문에 더욱 거기에 가고 싶었다.

내가 그곳에 도착했을 때, 나는 즉시 그 그룹의 다른 모든 것들에 빨려 들어갔다. 그렇다면 진짜로 만들 때까지, 어떻게 가짜를 하고서 성공으로 만들어낼 수 있을까?

음, 당신은 단지 그 역할을 연기하기 시작하면

된다. 동일한 목표를 가진 사람들은 항상 같은 이유로 동일한 비전에 대해 이야기한다. 이렇듯 특정한 존재의 상태를 암시하는 시각적, 청각적 단서 주변에 당신이 계속 머물고 있다면, 당신은 결국 그러한 존재가 될 것이다.

어렸을 때 20달러가 많은 것처럼 보였던 기억이 나는가? 만약 당신이 대학생이고 100달러가 크게 보였는가? 아마도 당신은 지금 10만 달러를 큰돈으로 생각할지 모른다. 반면 10만 달러가 큰돈이 아니라고 생각하는 사람들도 있다. 그들은 어떻게 그 경지에 도달했을까?

그들이 어떻게 그렇게 큰돈을 벌었는지 말하려는 것이 아니다. 그들의 사고방식에 대해 말하고자 하는 것이다. 나는 대부분의 사람들이10만 달러를 실제로 손에 놓기 전에, 이미 큰돈이 아니라는 사고방식이 존재했을 것이라는 점을 강조하고 싶다.

　어쨌든, 여러분이 이 글을 읽고 있을 수도 있다는 사실을 알고 있다. 나라는 사람은, 말 그대로 마음가짐을 통해 자신의 재정적 목표의 지향점을 움직일 수 있다는 사실을 몸소 보여주는 살아있는 예라는 점을 말씀드리고자 한다.
　당신도 할 수 있다!

03

투자를
이해하라

"어떤 똑똑한 바보든 더 크고, 더 복잡하고, 더 격렬한 것을 만들 수 있다. 그와 반대 방향으로 가기 위해서는 천재의 손길과 많은 용기가 필요하다."

– 에른스트 슈마허(Ernst F. Schumacher)
경제학자, 전 영국 전국 석탄청 최고 경제 자문가

일반적으로 복잡성은 위험할 수 있다. 나는 신경외과 수술, 머리와 목 수술, 그리고 안면 성형수술과 재건 수술에 관한 수련 과정을 거쳤다. 이 분야에는 당신이 상상하듯이 정말 많은 복잡성이 수반된다. 그러나 어떤 수술은 그 수술을 수백 번 해 본 의사에게는 개념적으로 그리 어렵지 않을 것이다. 내 개인적인 경험으로는, 병원에서 나쁜 일이 생기는 것은 수술 때문이 아니라 복잡한 수술 이후의 환자 관리 때문이다. 많은 약을 관리해야 하고, 연구실에서 피를 채취해야 하고, 바이탈도 기록해야 하며, 추적 검사도 수행해야 한다. 병원에서 일하는 사람들은 최선을 다한다. 문제는, 어느 날 수술실에서 일어나는 수천가지 일들 중 한 가지 작은 실수가 생기거나 조그마한 문제만 간과하더라도 재앙 같은 일이 발생한다는 것이다. 그저 시스템이 너무 복잡할 뿐이다. 너무 많은 사람과 일이 포함되어 있고, 많은 일이 잘못될 수 있다. 병원은 최근 이를 방지하기 위해 안전 조치에 최선을 다하고 있지만, 이렇게 복잡한 세계에서 실수를 완전히 제거할 수는 없을 것이다.

경제 시스템에서의 복잡성도 비슷하다. 뉴욕 주식시장, 채권 시장 등의 시장이 있고, 그 시장들 위에는 2차 파생시장이 있다. 파생시장은 큰 은행과 거대한 헤지펀드를 위한 거래의 장이다. 시장들 간의 복잡한 관계 때문에, 당신이 소유하고 있는 주식은 아무 관련 없는 사태에 의해 무너질 수도 있다. 그것이 2008년에 발생한 일이다. 그리고 만약 정부가 그런 일의 재발 방지를 보장하기 위한 규제를 준비했다고 생각한다면, 당신은 틀렸다. 은행은 현재 2008년보다 2배 더 커졌고, 파생 시장은 1천조 달러 수준에 도달했다. 월 스트리트는 현재 그 어느 때보다 뒤얽혀 있고, 더 무서운 존재다. 현 시대의 훌륭한 거시경제학자 중 하나이자 베스트셀러 저자인 제임스 리커즈(James Rickards)는 현 경제 시스템을 무너지기를 기다리는 눈사태에 비유한다. 유일한 질문은, 언제 그리고 어떤 눈송이에 의해 무너질 것이냐 하는 것이다.

여기서 두 가지 조언을 하고자 한다. 먼저, 병원에서 최대한 멀어져야 한다. 건강을 관리하고, 예방해야 한다. 둘째로, 일생동안 모은 돈이 월 스트리트가 '너무 거대해서 또 실패하는' 순간에 그로부터 영향 받기를 원하는지 진지하게 생각해봐야 한다. 월 스트리트의 붕괴 가능성은 파생시장의 거대한 성장과 함께 기하급수적으로 증가했다. 지난번, 정부가 개입해서 은행들을 어떻게 긴급 구제했는지 기억하는가? 다음에 이런 일이 일어나면 구제 금융을 위한 돈 중 일부는 정부가 아니라 당신이 부담하게 될 것이다. 금융 시장 계좌를 가지고 있다면, '보석'과 '금융시장 예금계좌'를 구글에서 검색해보고 그 결과들을 살펴보길 권한다. 새로운 법안은 실질적으로 은행을 긴급 구제함에 있어서 세금 사용 전에 은행의 예치금을 사용해야 한다는 내용이고, 은행 예치금은 당신이 저축한 돈이다. 따라서 돈을 투자하지 않고 은행에 저축함으로써 스스로를 보호하려고 한다면 다시 생각해봐야 한다. 로버트 키요사키는 '저축하는 사람은 패배자'라고 이야기했다는 것을 다시 한 번 말한다. 이자율이 인플레이션보다 적은 돈을 벌게 만들기 때문에 당신은 사실상 돈을 잃게 될 것이고, 지금으로서는 2008년에 그랬듯이 은행들이 돈을 필요로 하게 되면 은행의 구제를 돕는 데 돈을 잃게 될 것이다.

지금까지 은행과 주식시장에서의 투자에 대해 완전 겁을 주었으니 이제 몇 가지 좋은 소식을 말해주려고 한다. 다행히 당신의 돈은 당신 소유이므로 본인이 원하는 방향으로 돈을 투자할 수 있다. 인생과 투자에 보장이 없기는 하지만, 복잡성을 피하고 스스로 이해할 수 있는 것에만 투자함으로써 위험을 최소화할 수 있다.

뭔가에 투자하기 위해서는 이해가 선행되어야 한다. 그리고 그 누구도 시장 변동 이면의 모든 복잡한 이유들을 이해하지 못한다. 도널드 트럼프(Donald Trump)가 당선된 날 저녁에는 시장이 붕괴했지만 이틀 뒤에는 주식시장이 최고치로 올랐다. 그 짧은 시간 동안 투자 가치를 바꾼 것은 무엇일까? 두 날 모두 대통령은 같았고, 기업들의 실적 변화는 이틀 간 미미했지만, 당신의 부는 엄청 크게 변동했다. 나는 주식시장의 이런 변동을 이해하지 못하기 때문에 주식시장에 투자하지 않을 것이다.

내 경험 법칙이 하나 있는데, 그것은 월 스트리트에서 벗어나라는 것이다. 이는 주식, 채권, 뮤추얼 펀드를 가까이 하지 말라는 의미다. 봉투 뒷면에 빠르게 다이어그램으로 설명할 수 있는 것에만 투자해야 한다. 이해하지 못하거나 믿지 않는 것에는 투자하지 말아야 한다. 너무 단순해 보일 수 있으나, 나는 투자자로서 이 경험 법칙을 통해 수백만 달러를 벌어들였다.

이는 실행하기 매우 어려워 보일지 모르지만 사실 그렇지 않다. 오늘날에는 월 스트리트에 노출되지 않아도 되고 신뢰할 수 있는 현금 흐름을 얻을 수 있는 투자 기회가 많이 있다. 우리는 이미 턴키 방식의 투자 주택에 대해 이야기했다. 다른 예를 하나 더 들어보려고 한다.

내 친구 조지(Jorge)는 미국 주택 보호회사(American Home Preservation)라고 하는 훌륭한 기업을 가지고 있었는데, 이는 느낌이 좋은 사업이었다. 조지는 실패한 융자를 은행으로부터 사들였는데, 실패한 융자란 집주인이 지불을 멈춘 융자다. 당신이 상상하듯이 2008년에 그런 융자가 엄청 많았지만, 지금도 그런 융자가 없는 것은 아니다. 조지의 회사는 이런 융자를 발급 은행으로부터 매우 싼 가격에 대량으로 사들였다. 그러고 나서 사람들을 집에서 내쫓는 대신 - 구매 옵션과 함께 - 협상하여 집주인이 감당할 수 있는 가격에 집을 다시

빌려주었다.

융자를 매우 싼 가격에 사들였기 때문에 집을 빌려준 후의 이익 폭은 엄청났다. 그러나 조지가 이 모든 융자를 스스로의 힘으로 산 것은 아니고, 대부분은 투자자들을 통해 자금을 마련했다. 당신은 조지와 함께 단 몇 백 달러만 투자할 수 있고, 그러면 조지는 투자에 대해 연 12%의 수익을 매달 수표 형식으로 발급해줄 것이다. 상당히 이해하기 쉬운 모델이다. 나는 이를 봉투 뒷면에 쉽게 다이어그램으로 그릴 수 있을 것이라 확신한다. 이러한 기회는 밖에 널려 있다. 다음 장에서는 나만의 투자 철학에 대해 더 많은 비밀을 공유할 것이다.

모르는 것에
투자하는 방법

금주법이 해소되어 버드와이저나 쿠어스에 투자할 수 있게 되면 어떻게 될까? 이 문제에 관해, 금주법이 해소된 1933년에 술과 관련된 모든 일을 할 수 있다는 상상을 해보자.

예를 들어, 케네디 가문의 많은 사람들은 세대를 거쳐 막대한 부를 쌓아 왔다. 조셉 케네디는 금주법이 해소되자 스카치 위스키의 유통권을 획득함으로써 엄청난 부를 쌓을 수 있었다.

다른 금지법의 해소는 지금 우리에게도 다가와 있다. 대마초는 캘리포니아를 포함한 여러 주에서 합법화 되었다. 나는 이것에 대해 트럼프 행정부의 반발이 있고 제프 세션스가 오바마 행정부 때처럼 외면하지 않고 있다는 사실도 잘 알고 있다.

그러나 대세는 멈출 수가 없어 보인다. 프랑스인들이 말하듯, 결국 미국에서도 마리화나의 사용은 완전한 합법화가 기정사실로 되고 있다. 되돌릴 수 없다.

솔직히 나는 냄비처럼 달궈지고 곧 식어버리는 이런 주제에 대해 도덕적인 판단을 내리고 싶지는 않다. 나는 냄비 만드는 사람도 아닐 뿐더러 냄비에서 뿜어지는 냄새를 좋아하지 않는다. 게다가 배낭에 대마초를 깔고 다니는 사람들을 보면 짜증이 난다.

하지만 나는 우리의 새로운 현실의 일부가 될 움직임을 인식할 수 있다. 즉, 일종의 블록 체인 기술(암호화폐)과 같은 것이 될 수 있다는 사실이다. 이를 인식한 사람들은 엄청난 수익을 올릴 것이며 몇몇은 억만장자가 될 것이다.

이런 변화를 보면서 여러분은 무엇을 할 것인가? 당신은 어떻게 관여할 것인가? 음, 블록 체인 기술의 경우, 내가 좋아하고 신뢰하는 몇몇 사람들을 알고 있어서, 암호화에 대한 나의 취미를 매우 유익하게 만들어 주었다.

하지만 나는 대마초 산업에 종사하는 많은 사람들은 아직 알지 못하고 있고, 심지어 대마초에 대해 더 적게 아는 사람들을 좋아한다. 내가 대마초를 알거나 대마초를 좋아할 것으로도 믿지 않는다. 솔직히 말해 이는 나의 모든 종류의 투자에 대한 도전이기도 하다.

심지어 생각할 필요도 없는 주식이나 부동산조차도, 여러분이 무엇을 하고 있는지 잘 알거나, 혹은 잘 알고 있는 사람과 함께 투자해야 한다.

그럼 어디서부터 시작해야 할까? 음, 만약 여러분이 이 책을 읽고 있다면, 이미 자신을 교육하려고 노력하고 있고, 여러분은 그 시간을 줄일 수 있을 것이다. 다음 단계는 여러분이 좋아하고 신뢰하는 사람들인 동료를 계속 구축하는 것이다. 바로 그때 진짜 마법이 시작될 것이다.

예를 들어, 암호화폐에 매우 능통한 친구가 암호화폐에 대한 최초의 상품을 나에게 소개해 주었다. 3개월 후 50,000달러를 투자했는데, 한때는 약 400만 달러까지 가치가 치솟았다. 그러다 얼마 후 다시 현실로 돌아왔지만, 그럼에도 불구하고 나에게 10배의 수익을 안겨주었다.

당신이 정말로 똑똑해질 필요는 없다. 당신은 단지 그들 주변에 있으면서 그들의 코트 꼬리에 올라타면 된다. 올바른 동료만 있으면 된다. 이는 나의 성공공식이었고 지금까지 잘 작동하고 있다. 당신에게도 효과가 있기를 바란다.

천국의 아마겟돈

"길거리에 시체들이 있어요!"

내가 8월에 이사한 꿈의 목적지인 몬테시토에서 발생한 산사태로 인한 피해를 조사하려고 할 때 이웃이 나에게 한 말이다.

몬테시토는 산타바바라 남쪽에 있는 마을이다. 만약 여러분이 그곳에 가봤다면 미국에서 시각적으로 가장 아름다운 지역 중 하나라는 사실에 동의할 것이다.

산타이네즈 산맥과 태평양 사이에 자리잡고 있는 몬테시토는 캘리포니아 중부 해안(LA 북쪽으로 약 90분 정도의 거리)의 일부로서 할리우드의 소총 사냥을 피할 수 있을 만큼 멀리 떨어져 있다.

반면 오프라 윈프리, 타이 워너, 찰리 멍거를 포함한 많은 유명인 억만장자들의 집이 몰려 있는 곳이기도 하다.

하지만 내가 몬테시토를 사랑하는 이유는 화려해서가 아니다. 그곳은 사람들이 매우 개방적이고 서로를 매우 빨리 알아가는 작은 공동체이다. 그리고 내가 알게 된 사람들은 모두 똑똑하고, 친절하고, 진실하다.

이곳은 부유한 지역이지만 여전히 작은 해변

마을로 남아 있다. 안전하고 아늑해 보여 아이
들을 키우고 싶은 마음이 드는 그런 곳이다. 우
리가 여기로 이사를 온 이유다.

하지만, 지난 몇 달은 전혀 아늑하지 않았다.
캘리포니아 역사상 가장 큰 산불이 우리 마을까
지 번졌고 우리도 대피해야만 했다.

우리는 공동체로서 문제를 헤쳐나가야 했다.
지난 주에 일상으로 돌아왔을 때는, 폭풍과 홍
수 경고에 대해 긴장하기 시작했다.

우리는 몇 인치의 폭우가 내릴 것이라고 들었
고 산 근처의 집들은 강제 대피령이 내려졌다.
우리는 해변에 살고 있어서 자발적 대피 대상이
라는 경고를 들었다.

경고를 들었음에도 불구하고, 미네소타 출신
으로 시카고에서 살아왔기 때문에, 왜 몇 인치
의 비가 많은 양인지 제대로 알지 못했다.

나는 이런 문제들에 대해 꽤 보수적이지만, 이번엔 대피하지 않고 남아 있기로 결정했다.

다음날 아침에 나는 창문을 열고, 보통은 아름다운 모래사장으로 펼쳐져 있을 해변을 내다보았다. 그리고 거기엔 온통 나무 조각과 여러 파편들로 뒤덮여 있었다.

남쪽으로 약 270미터 떨어진 곳에서는 헬리콥터가 빙글빙글 돌고 있었고, 꼭대기까지 물에 잠긴 자동차를 볼 수 있었다.

난 혼자 안이하게 생각하고 있었던 것이다. 이런! 간밤에 엄청난 폭풍이 불어 닥친 것이었다! 게다가 우린 그걸 거의 알아차리지 못하고 있었다!

하지만 간밤에 일어난 일은 일반적인 폭풍보다 훨씬 더 큰 사건이었다. 산에서 일어난 화재는 매우 독특하고 치명적인 위험을 혼합시켜 야기했다.

이 화재로 인한 파편들이 여기저기에 쌓여 있
었다. 게다가, 지역의 모든 나무들이 불에 타버
렸다. 그러다 비가 내리자 이 엄청난 양의 파편
과 빗물이 진흙탕으로 변해, 아무 것도 걸릴 것
없이 산 아래로 빠르게 쏟아져 내려왔다.

진흙탕 물은 빠른 속도로 이동하면서 거대한
바위를 휩쓸었고, 이는 주택을 포함한 이동 경
로에 있는 모든 것들을 파괴해 버렸다. 진흙탕
과 바위는 해변까지 수 마일을 이동했다. 고속
도로에는 진흙이 1미터나 쌓여 있었다.

그날까지 15명이 사망한 것으로 확인되었고,
몇몇 사람들은 행방불명 상태에 있었다. 수많은
주택들은 문자 그대로 사라져 버렸다.

이는 작은 마을에서 일어난 일이다. 여기서 이
런 일이 일어날 줄은 꿈에도 몰랐다. 여러분은 자

신의 마을을 생각할 때 그런 생각을 할 수 있는가?

이것으로부터 배워야 할 교훈과 마음에 새겨야 할 조언이 있다.

첫째, 삶은 연약하다. 테시토에는 아직도 실종된 아이들이 있다고 한다. 그리고 짐작조차 할 수 없다.

매일이 소중하다는 것을 알아야 한다. 할 수 있는 한 많이 사랑하라. 가능한 한 인생을 즐겨라.

인생에는 절대적인 안전지대 같은 곳은 없다는 것을 기억해야 한다. 그것이 자연에 의한 희생이 되었든, 안정적인 직장과 월급을 잃는 것을 의미하든.

사전에 적극적으로 대처하고 항상 맹목적인 측면을 경계하라.

04

실물에
투자하라

$

"대부분의 사람은 자신이 투자하고 있는지, 투기하고 있는지, 혹은 도박하고 있는지를 모른다. 제대로 알지 못하는 사람들에게 이런 활동들은 매우 비슷해 보인다."

– 짐 폴 & 브렌든 모이니안(Jim Paul and Brendan Moynihan)
〈내가 백만 달러를 잃으면서 배운 것〉(What I Learned Losing A Million Dollars)의 저자들

로마 시대에는 금 한 온스로 좋은 토가(toga; 고대 로마 시민이 입던 헐렁한 겉옷을 의미함. 역자 주) 한 벌을 살 수 있었고, 2016년에는 금 한 온스로 근사한 정장 한 벌을 살 수 있다. 이를 통해 금은 실재한다는 것을 알 수 있다. 금이 훌륭한 투자 대상이라고 말하는 것이 아니다. 금은 내재된 가치를 가지고 있고 오랜 시간에 걸쳐 세계 역사에 있어서 그 무엇보다 부를 잘 보존해왔다고 이야기하는 것이다. 만약 내 목표가 다음 1,000년 동안

부를 보존하는 것이고 단 하나의 자산만 살 수 있다면, 나는 금을 택할 것이다. 금의 가치는 조금 변동하기도 하지만, 부의 보존 측면에서 장기간 동안 상당히 좋은 실적을 가지고 있다.

이런 이유에서 나는 부의 보존을 위해 금과 은을 보유하고 있다. 그러나 금은 현금 흐름을 만들어내지 못한다. 금이 매달마다 내가 돈을 벌 수 있게 해주는 것은 아니기 때문에 나는 금을 투자라고 생각하지 않는다. 금은 돈이다. 1912년 국회에서 진술하면서 제이피모건(JP Morgan)은 다음과 같은 유명한 말을 했다. "금은 돈이다. 다른 모든 것은 신용이다." 이 말의 의미는 이 책에서 다루고자 하는 범위를 넘어서지만, 금이 자산으로서 가지는 가치에 대한 일반적인 합의는 명백하다. 주식, 채권, 뮤추얼 펀드는 엄밀히 하자면 자산으로 정의되지만, 내 정의에서는 '실물 자산'의 자격을 충족하지 않는다.

나는 왜 이런 경제적 수단이 실물 자산이 아니라고

이야기하는 것일까? 2008년에 일어난 일을 예로 들어보자. 매우 짧은 시간에 미국인들은 주식시장에 투자한 7조 달러를 잃었다. 자산이 사라져 버린 것이다. 그러나 실물 자산은 공기 중으로 사라지지 않는다. 거주를 위해 누군가 당신에게 돈을 지불하는 임대 자산을 소유하고 있다면, 이는 리만 브라더스(Lehman Brothers)가 폐업하더라도 사라지지 않는다. 나는 실물, 특히 당신이 보고, 만지거나 느낄 수 있는 것에 대한 투자를 믿는다.

임대 주택을 예로 들어보자. 임대주택은 실재하는 것이기 때문에 당신이 직접 그 임대 주택까지 운전하고 가서 직접 보고 만져볼 수 있다. 사람들은 그 집을 임대할 것이고, 거주하기 위해 매달 돈을 지불한다. 리만 브라더스가 무너지고 주식시장이 붕괴되더라도 그들은 살 곳이 필요하다면 계속해서 당신에게 임대료를 지불한다. 그것이 실제 세상이다. 실물 자산은 그 날의 뉴스에 비이성적으로 영향을 받지 않기 때문에 당신의 수입은 이해 불가능한 이유로 매일매일 미친 듯이 변동하지 않는다.

게다가 실물 자산을 보유하고 있기 때문에, 그 자산의 가치와 당신이 그 자산으로부터 얻는 현금 흐름은 인플레이션과 함께 상승한다. 앞서 언급했듯이 인플레이션의 가속화는 피할 수 없다고 본다. 만약 그렇게 된다면, 그것은 임대 주택 투자에 어떤 영향을 미치는가? 집의 명목가치가 상승할 것이고, 인플레이션에 맞춰 임대료가 상승할 것이다. 좋은 대비책 아닌가? 이는 인플레이션이 가치를 잠식함으로써 은행에서 돈을 잃게 되는 것보다 확실히 훨씬 더 낫다.

물론 다른 투자와 마찬가지로 확실한 것은 없다. 임차인이 나갈 수도 있고, 임대료를 지불할 새로운 임차인을 찾는 데 1~2개월이 걸릴 수도 있다. 반면 거대한 주식시장 조정이 있다면, 당신은 돈을 잃고도 그 이유를 알 수 없다. 실물을 가지고 있다면, 당신은 왜 포트홀에 부딪혔는지 알 수 있고, 많은 경우에는 그것을 바로잡기 위해 뭔가 행동을 취할 수 있다. 주식시장에서 1조 달러 손실을 만회하기 위해 당신이 할 수 있는 일은 무엇인가?

일부 사람들은 주식을 소유하고 있으면 뭔가 진짜를 소유한 것이라고 주장하겠지만, 나는 기업의 공개 거래 주식을 소유한 것은 종이 한 장을 가진 것과 마찬가지라고 이야기할 것이다. 주식은 소유하고 있더라도 실제로 보거나 만질 수 없다. 당신은 가치를 대표하는 숫자를 볼 수 있을 뿐이고, 그 가치는 언제든 사라질 수 있는 추측에 기초한다. 그렇기 때문에 주식은 실물 자산이 아니라고 주장하는 것이다.

실물 자산 투자의 추가적 이점이자 특징 중 하나는 무수한 세금 혜택을 준다는 것이다. 정부는 우리가 국가에 도움이 되는 것에 투자하면 좋아하지만, 주식시장에 대한 투자는 그저 돈을 더 벌기 위한 것으로 본다. 예를 들어 당신이 부동산에 투자하면, 정부는 세금 혜택으로 보상을 해준다. 그럼으로써 당신은 이자와 임대 자산에 쓴 비용을 모두 탕감할 수 있다. 추가적으로, 당신은 감가상각 혜택을 받을 수 있는 자격도 만족한다.

감가상각(depreciation)의 개념은 부동산과 비즈니스

업계에서 수많은 백만장자를 양산해냈는데, 이는 일단 임대 자산을 구입하면 시간이 지날수록 가치가 떨어진다는 것이다. 주택 부동산의 경우, 가치 하락은 27.5년에 걸쳐 이루어진다. 따라서 원래 예시를 사용하면, 융자를 써서 구입한 임대 자산에서 연 3,000달러를 얻는다고 해도 IRS가 더 많은 감가상각을 허용하여 그 수입에 대해 세금을 전혀 안 낼 확률이 높아진다. 나의 동지들이여, 이것이 실물에 투자할 때만 목격할 수 있는 감가상각의 마법이다.

실물 자산 투자의 또 다른 예는 석유와 가스 시추에 대한 투자다. 에너지 분야에서 다른 국가에 의존하지 않는 것은 오랫동안 미국의 문제였다. 석유 부호국들이 미국을 많이 좋아하지 않는 것으로 보이기 때문에 이는 분명 좋은 생각처럼 보인다. 결과적으로 석유와 가스 회사에 대한 민간 투자는 엄청난 세금 혜택을 받게 된다. 예를 들어 나는 1년차에 투자의 90%를 탕감하게 해준 회사 한 곳에 투자를 했는데, 이에 대해 계산을 해보려고 한다. 이 펀드에 10만 달러를 투자했다면,

나는 해당 연도에 거의 10만 달러에 가까운 과세 수입을 절감할 수 있는 것이다. 따라서 이는 내 과세 등급에서 4만 달러 이상을 절약한다는 의미다. 이를 투자에 대한 수익 면에서 생각해 보면(1페니를 절약하는 것은 1페니를 버는 것과 같다), 나는 세금에서 절약한 돈만으로도 1년 차에 40%의 수익을 얻을 수 있었던 것이다. 이런 기회들 중 일부는 더 부유한 사람들만 누릴 수 있기는 하지만, 경쟁의 장은 빠르게 변화하고 있다.

확실히 말하자면, 더 부유한 사람들은 펀드와 신디케이트를 통해 가장 좋은 자산에 투자하는 데 있어서 여전히 불공정한 이점을 가지고 있다. 그리고 이런 투자를 하려면 '공인 투자자(accredited investor)'라는 조건을 충족해야 하는 때가 있었다. SEC는 공인 투자자를 매년 20만 달러 이상을 벌고 그 다음해에도 20만 달러 이상 벌 수 있다는 합리적 기대(배우자 소득과 합산할 경우 30만 달러 이상)가 있거나, 개인 주택을 제외하고 1백만 달러 이상의 순 자산을 가진 자로 정의한다. 여전히 공인 투자자들을 위한 기회가 따로 있어서 공인 투자자들이 비공인 투자자들보다 부를 증식할 더 나은 기회를 누리기는 하지만, 민간 투자의 세계는 공평한 경쟁을 위해 최근 일반 대중에게 많이 개방됐다. 예를 들어 몇몇 크라우드펀딩 포털들은 개발, 호텔, 그리고 스타트업 사업에 적은 돈의 투자를 더 쉽게 만들고 있다. 매달 500달러 밖에 투자할 수 없더라도, 이전에는 출입금지였던 다양한 실물 자산 펀드에 이제는 참여가 가능하다.

게다가 실물 자산 구입에 있어 수입을 기준으로 한 제한은 전혀 없었다. 임대주가 되지 않고도 투자자로 하여금 임대 자산을 소유할 수 있게 해주는 턴키 방식의 임대 서비스를 앞서 예로 제시했다. 당신은 또 법적 책임 없이 대형 부동산 프로젝트에 부분적인 소유권을 가질 수 있고, 조건을 충족한다면 나나 다른 자산 관리자 같은 신디케이터와 같이 투자함으로써 모든 세금 혜택을 동일하게 누릴 수 있다. 내 친구인 데이비드 스웰(David Sewell)은 파나마(Panama)에서 많은 사람들에게 적당한 가격으로 턴키 방식 커피 농장을 판매하는

데, 투자는 1만 달러 미만부터 시작한다. 합법적이면서 중독적인 약을 생산하는 땅에 투자해서 그것을 자손들에게 물려줄 수 있다고 상상해보면, 이는 지금 당장 돈을 벌 수 있는 기회가 된다.

실물 자산을 소유할 수 있는 기회는 찾기만 한다면 얼마든지 있다. 실물 자산에 투자하는 것이 훨씬 타당하고, 실물 자산 투자에 대해 생각해보면 주식 포트폴리오가 말이 안 된다는 것을 깨닫게 될 것이라고 확신한다.

당신의 IRA가 현재 종이 자산으로 묶여 있다면, 은행원들이 좋아할 주식, 채권, 뮤추얼 펀드에 투자하지 않아도 된다고 다시 한 번 이야기하고 싶다. 당신은 뉴뷰 IRA(NuView IRA)에 있는 글렌 매더(Glen Mather) 같은 사람의 도움을 통해 IRA를 스스로 관리할 수 있다. IRA 펀드로 거의 모든 것에 투자할 수 있다는 사실을 알고 있었는가? 나는 본업보다 IRA에서 나오는 임대 수입으로 더 많은 돈을 벌고 있는 한 사람을 알고 있다.

요약하자면, 투자는 복잡해선 안 된다. 실물에 투자해야 하고, 투자가 수익을 내는 방식을 확실히 이해해야 한다. 만약 투자가 이런 최소 2가지 기준을 충족하지 못한다면, 다른 길을 택해야 한다. 다음 장에서는 투자 포트폴리오에 맞는 실물의 종류에 대해 생각해보는 몇 가지 방법들을 추릴 것이다.

인생에서 성공의 80%는
보여지는 것이다.

우디 알렌은 한때 "인생에서 성공의 80%는 보여지는 것이다."라고 말했다.

진짜일까?

그런 것 같다.

더 넓은 의미에서 연출한다는 것은 무엇을 의미할까? 그것은 약간의 노력을 한다는 것을 의미한다.

얼마나 많은 사람들이 평생 동안 실제 모습을 드러내지 않는지를 보면 정말로 놀랍다.

매일 똑같은 일을 하며 불평하지만 이를 바꾸려고 아무런 시도도 하지 않는 사람들을 얼마나 많은지 알고 있는가?

"난 내 직업이 싫어!" "내가 사는 곳이 싫어!" "가족을 위한 시간이 없어."

당연히 모든 문제를 일거에 해결할 수 있는 마법의 방법 따위는 존재하지 않는다. 하지만 불만을 해결하기 위해 아무것도 하지 않는다면, 문제가 사라지지 않을 것이라고 장담할 수 있다.

그렇다면 어떻게 해야 할까? 만약 여러분이 이 글을 읽고 있다면, 그런 사람들 중 한 명일 가능성이 높다.

그건 좋은 소식이다. 알다시피, 내가 사업가로 성공한 비결 중 하나는 내가 특별히 잘하는 것이 없다는 점이다. 단지 나는 다른 사람들이 거의 시도조차 하지 않는 일에서 일하고 있을 뿐이다!

의료 산업을 예로 들어보겠다. 의사들은 버릇이 없다. 사람들은 아파서 의사를 찾는다. 환자들은 다른 의사의 추천에 익숙하고 만약 추천서가 없다면, 이 업종에 종사하는 의사들은 사업을 활성화하기 위해 어떻게 해야 할지 모를 것이다.

TV, 라디오, 인터넷 광고를 통해 성형수술 사업에 TV, 라디오, 그리고 인터넷 광고를 하는 사람으로서, 개인적인 경험을 통해 알 수 있다. 나는 그들이 광고에 돈을 한 푼도 쓰지 않으려

하기 때문에 자본을 대부분 까먹어버린 것이다.

요점은 기업가의 세계가 성형수술보다는 훨씬 쉽다는 것이다. 특히 여러분의 일이 부모에 의해 운영되는 산업이라면, 그리고 특히 사람들이 진입하고 싶어 하는 매력적인 분야가 아니라면 말이다. 두 번째와 세 번째 창업에서 배웠지만 사업은 성형수술보다 훨씬 더 쉬웠다!

만약 여러분이 약간의 동기부여와 배짱을 가지고 있고, 지루한 업종에서 일하고 있다면, 주변을 주의 깊게 살펴보라. 당신은 지금 금광 위에 앉아 있을 수도 있다!

화성에서 온 투자 101

만약 당신이 화성에서 스파이로 지구에 떨어진다면, 당신은 돈을 어떻게 투자할 것인가?

돈에 대한 모든 개념이 새롭겠지만, 여러분은 자신을 부양하기 위해 일을 해야만 한다고 가정해 보자.

아시겠지만, 화성은 사회주의 정부 때문에 예

산 문제를 겪고 있고 지구상에서 당신의 돈을 투자할 수가 없다.

운이 좋으면 미국이라는 곳에 도착하게 되고, 여러분이 가진 기술과 일치하는 기회가 많이 있을지 모른다.

그렇다면, 처음으로 일을 시작하는 것이 되겠다. 당신은 숫자에 매우 능숙하다. 지구상의 대부분의 사람들은 그렇지 않기 때문에, 여러분은 매우 숙련된 지위를 얻게 된다.

어느새, 당신은 몇 번의 승진을 하게 되고 당신의 단순한 화성 생활방식이 요구하는 것보다 더 많은 돈을 벌기 시작한다.

처음에, 여러분은 이 모든 것의 신기함에 흥분한다. 하지만 곧 대부분의 지구인들과 마찬가지로, 그들이 일이라고 부르는 것이 먹이를 위한 것이라고 느끼기 시작한다.

일은 쉽지만 별로 흥미롭지 않게 되어버린 것이다. 사실, 여러분은 지구에 탐험할 것이 많다는 사실을 잘 알고 있다. 만약 여러분이 하루 동안 몇 시간씩 돈을 벌지 않아도 된다면, 여러분의 행성으로 다시 돌아갈 수 있다.

여러분은 일을 덜 하고 더 많이 탐험할 수 있는 방법을 생각하기 시작한다.

여러분은 밤에 잡은 동물 기념품을 사는데 사용한 여분의 돈을 다시 보기 시작하고, 그 돈을 더 유용한 목적, 즉 여러분을 좀 더 자유롭게 해줄 수 있는 목적이 있는지 생각하기 시작한다.

간단한 수학적인 계산 후에, 여러분은 투자라고 부르는 새로운 아이디어를 떠올린다.

이제 잠시 멈추고 생각해 보자. 만약 여러분이 화성에서 왔는데 아무도 어떻게 투자해야 하는지 알려주지 않는다면 그 투자는 어떻게 보일까?

기억하라, 여러분의 목표는 수입을 대체하는 것이다.

장기적으로는 주식, 채권, 뮤추얼 펀드의 포트폴리오를 매수할 것인가?

아니면, 고도로 진화한 화성인의 마음으로 수입을 대체하는 가장 쉬운 방법은, 여분의 돈으로 다른 수입원을 매수하는 것이라고 추측하겠는가?

아마도 후자가 될 것이다. 왜? 그게 말이 되니까!

결국, 여러분의 목표가 여러분의 수입을 대체하는 것이라면, 화성인의 뇌에 가장 먼저 떠오르는 것은 뮤추얼 펀드를 사는 것은 아닐 것이다! 여러분이 가장 먼저 생각한 것은, 수입을 사는 것이다!

그것이 가장 덜 복잡한 길이 아닌가? 소득 창출 효과가 있는 물건을 사는 것은 꽤 간단하다.

그렇지 않은가?

직장 수입을 대체하는 방법에 대한 문제에 대한 우아한 해결책이다.

그렇다면, 왜 사람들은 보수적인 접근법이 주식시장에 투자하는 것이라는 사고방식에서 그토록 벗어나지 못하는 것일까? 우리는 미국에 살고 있고 그것이 통념이기 때문이다.

불행히도, 미국의 통념은 월스트리트에 의해 만들어졌고, 월스트리트는 돈을 벌기 위해서가 아니라 당신의 돈을 가져가기 위해 거기에 있다.

만약 당신이 화성인이었다면, 당신은 어떻게 투자해야 하는지에 대해 선입견을 갖고 있지 않을 것이다. 그러면 당신은 미국의 통념에 세뇌당하지 않은 채 월 스트리트 먹이가 될 것이다.

하지만, 당신은 아마 화성인이라기보다는 미

국인일 것이다. 그래서 여러분이 레밍들처럼 무리지어 움직이고 싶지 않다면 그건 여러분에게 달려 있다.

모든 투자 상품을 화성인의 새로운 관점으로 볼 수 있다면 좋을 것이다.

05

필수적인
것들

⚖️

"만약 필요하지 않은 것을 산다면 곧 필요한 것들을 팔아야 할 것이다."

– 워렌 버핏(Warren Buffet)

모든 실물을 꼭 가지고 있어야 하는 것은 아니다. 1954년 애브러험 매슬로우(Abraham Maslow)는 〈동기와 성격(Motivation and Personality)〉이라는 책에서 인간의 욕구 체계를 대략적으로 설명했다. 피라미드 모양으로 된 체계의 아래쪽에는 음식, 물, 주거지 같은 생리적 욕구를 포함한 기본적인 욕구가 있다. 그 위에는 안전이 있는데, 사람들은 사고와 질병에 대한 안전뿐만 아니라 개인적 안정과 경제적 안정도 필요로 한다. 안전 위에는 사랑과 소속감, 존경이 있고, 맨 위에는 자아실현이 위치한다.

매슬로우의 욕구 단계 중 처음 두 단계에 주로 돈을 투자하는 것이 내 철학이다. 나는 갈망하는 것이 아니라 반드시 필요한 것에 대한 투자를 믿기 때문이다. 상황이 얼마나 어려워지든 간에, 사람들은 스스로 먹을 것을 마련해야 하고 살 집이 있어야 한다. 지난 몇십 년간 농지 가격이 급등한 것은 우연이 아니다. 의사에서 억만장자가 된 헤지펀드 매니저인 마이클 버리(Michael Burry)는 2008년 주택 시장에 대해 다른 사람들과 반대로 추측했으며, 이제는 물 권리에 대한 투자에 집중하고 있다. 나는 음식과 물에 대한 투자에 관심이 많고, 적극적으로 그와 관련된 기회를 찾고 있다.

앞서 언급한 데이비드 스웰의 국제적 커피 농장(International Coffee Farms)은 그 기준을 충족한다. 데이비드는 투자자들이 커피 판매의 이득을 구입하고 수확할 수 있도록 파나마에서 턴키 방식의 커피 농장을 내

놓는다. 합법적이지만 중독성 있는 약에 투자하는 것은 기본 욕구로 분류될 것이다. 결국 우리 중 일부는 카페인을 생리적으로 필요하다고 생각하기 때문이다. 팜랜드 LP(Farmland LP) 같은 다른 회사들은 이런 투자에 관심 있는 사람들을 위한 제안을 만들어냈다.

내 생각에 매슬로우의 기본적 임대 욕구를 충족하는 가장 분명한 투자는 임대 주택에 대한 투자다. 사람들은 어딘가에 살아야 하고, 이는 턴키 방식 임대, 이동식 주택 주차장, 혹은 아파트와 같이 집에 투자하는 것을 의미할 수 있다. 나는 다양한 이유로 아파트를 선호하는데, 규모의 경제, 경영 효율화, 그리고 임대료를 높이고 비용을 줄임으로써 주식을 증식시킬 기회를 좋아하기 때문이다. 그러나 이는 고급 과정이다. 이에 대해 더 배우고 싶다면 나의 부의 공식 팟캐스트를 듣거나 www.wealthformula.com을 방문하면 된다.

특히 나는 노동자 계급이 사는 B등급과 C등급 아파트를 좋아한다. A등급 건물은 고급스러운 사람들이 사는 곳이고 D등급 아파트는 실업자들이나 신용 불량자들이 사는 곳이며, B등급과 C등급은 안정된 곳이다. 상황이 어려워지면 A등급 건물에 살던 사람들은 B와 C등급 건물로 옮겨간다. D등급은 내가 다루기에는 너무 어렵고, 부동산에서 유일하게 크게 손해 본 것이 D등급 건물에서였다. 따라서 요약하자면, 주택 부동산은 주식시장에 있는 돈과 달리 하룻밤 새 없어지지 않을 것이라는 게 비교적 확실한, 살면서 꼭 필요한 것에 대한 투자 대상을 제공할 수 있다. 주택 부동산은 또 인플레이션에 맞춰 적당하게 조정될 것이다.

에너지는 우리가 안전하게 사는 데 또 다른 필수요소다. 에너지가 없으면 어떻게 집에 난방을 하고 음식을 운반하며, 이동해 다닐 수 있을까? 현대 세계에서는 모든 것에 에너지가 필요하기 때문에 에너지에 대한 투자는 현명한 일이다. 나는 석유와 가스 시추 회사에 관심을 갖고 있는데, 석유 없이 살 수 없다고 강력히 믿기 때문이다. 게다가 세계적으로 한정된 양의 석유가 있고, 많은 전문가들은 석유 가격이 급등하게 될 궁극적인 부족 사태를 예견하고 있다. 지금은 석유가 꽤 저렴하지만, 나는 전문가들의 생각에 동의한다. 그리고 석유 시추 회사에 투자해서 얻는 세금 혜택은 엄청나게 호의적이다. 공인 투자자는 적절한 상황에서 이런 종류의 자산에 투자하여 많은 돈을 절약할 수 있다.

태양 에너지도 고려해 볼만한 훌륭한 투자처다. 내 친구 스티브(Steve)는 큰 건물 지붕 위에 태양 전지판을 설치하는 회사를 가지고 있는데, 그를 통해 투자자들에게 두 자리 수의 수익을 벌어다 준다. 다시 한 번 말하지만, 이것은 실물이고, 이것이 우리가 필요로 하는 것이다. 이는 매력적인 투자가 된다. 확실히 말해두자면, 나는 매슬로우의 욕구 단계의 더 낮은 단계 외의 영역에는 절대 투자하면 안 된다고 주장하는 것은 아니다. 그런 투자는 좀 더 위험할 뿐이다. 부동산 시장에서 사람들은 사무실 건물과 스트립 몰에 투자하여 거액을 벌었다. 당신에게 돈이 많고, 그런 일에 참여하고 싶다면 그렇게 해도 좋다. 나는 할리우드 제작과 브로드웨이 쇼에 투자해서 좋은 성과를 얻은 사람들도 알고 있다. ATM기나 다른 사람의 생명보험에 투자하는 것은 어떤가? 월 스트리트 패러다임 밖에 있는 옵션은 무궁무진하니, 그런 옵션들을 어디서 찾을 지만 알아내면 된다.

　이해하기 쉬운 한 가지 방법을 소개하려고 한다. 즉, 매슬로우의 욕구 단계 중 처음 두 단계를 사용해서 현금 흐름에 대한 투자를 시작하는 것이다. 그것이 보다 안정적인 경향이 있기 때문이다. 일단 스스로의 기본적 욕구를 충족하기에 충분한 현금 흐름을 축적하고 나면, 몇 번 크게 스윙을 하고 홈런을 치려고 노력해봐야 한다. 꼭 필요로 하는 것들이 충족된다면, 당신은 그 옵션을 선택할 수 있게 되는 것이다. 개인적인 투자 철학은 자금이 어디에 있는지에 따라, 그리고 위험에 대한 생각에 따라 시간이 흐르면서 변화할 것이다. 어느 시점이 되면 당신은 매슬로우에 기초한 투자에서 7대 죄악에 기초한 투자 방식으로 바꿀 수도 있다! 목표는 그런 결정을 안전하게 할 수 있는 지점까지 가는 것이다.

전통적 부에 대해
들어봤는가?

"돈을 벌기 위해 더 이상 일을 하지 않아도 된
다면 어떻게 할 것인가?"

여러분들 중 '난 매일 하루 종일 골프를 치고
싶다.'고 생각하는 사람들이 꽤 많다는 것을 안
다. 물론 그렇게 하고 싶을지 모르지만 얼마 가
지 않아 곧 지루함을 느끼게 될 것이다.

당신을 비롯해 똑똑하고 재능 있는 사람들은 인생에서 더 많은 것을 할 필요가 있다.

나는 운이 좋은 것 같다. 나는 2008년에 외과 수련의를 마친 후, 외과의사로서 그리고 사업가로서 많은 돈을 벌었다. 하지만 그것보다 더 중요한 것은 어떻게 하면 돈을 벌 수 있는지 알아냈다는 것이다.

그후 나는 의학 공부를 완전히 중단했다. 왜? 글쎄, 더 이상 흥미를 느낄 수 없었고 의술도 악화되고 있는 것 같았다. 그리고 이제 의학은 나에게 완전히 다른 주제가 되었다. 하지만 정확히 말하자면 내가 시간을 사용하는 더 나은 방법을 찾아냈다고 말해 두겠다.

또한 의사 업무를 그만 둘 당시, 내가 설정해 놓은 삶의 방식의 아름다움은 더 이상 의사로서 계속 일할 필요가 없다는 것이었다. 난 부자는 아니었다. 하지만 사업을 포함한 다양한 형태의 수입 흐름을 만들어 편안한 삶을 살 수 있었고, 가족을 돌보고 있는 것을 확실히 확인할 수 있었다.

지금은 방학 때나 되어야 갈 수 있던 곳에서 살면서 배우고, 가르치고, 투자하면서 시간을 보낸다. 정확히 내가 좋아하는 일을 하고 있다.

나는 나 자신을 부자라고 생각한다. 그리고 그것은 돈 때문만이 아니다. 나는 부란 시간으로 가장 잘 평가할 수 있다고 말하곤 한다. 다시 말해 시간과 돈을 바꿀 필요가 없는 사람이라면 모두가 부유한 것이다. 그 이후 나는 그것의 정의를 조금 바꿨다. 부는 시간을 잘 보내게 해준다.

더 이상 일을 하지 않아도 되는 많은 사람들을 알고 있기 때문에 그렇게 바꿨다. 그들은 재정적으로 부유하다. 하지만 그들 중 어떤 사람들은 건강하지 않고 확실히 행복하지 않았다!

억만장자, 연예인, 운동선수들이 계속해서 이혼하는 것을 너무 많이 볼 수 있다. 또 약물이나 알콜 등의 남용 문제와 심지어 자살에 대해서도 듣는다. 재정적인 부는 풀리지 않는 수수께끼의 일부라고 생각한다. 진정한 부자라면 건강해야 하고 행복해야 한다.

의사로서 말한다면 하루 종일이라도 건강한 습관에 관해 말해 줄 수 있다. 하지만 누구든 잘 먹고 더 운동을 해야 한다는 사실을 알고 있을 것이다. 정말이지, 말하기는 쉽지만 행동하기는 쉽지 않다. 나 역시 매일 그것과 싸우고 있다.

행복에 관해서라면, 재정적으로 부유하고 또 내가 알고 있는 행복한 사람들은, 한 가지의 공통적인 특징을 공유하고 있는 듯하다. 그들은 돈 이상의 것에 의해 움직인다. 그들 대부분은 자아실현을 위한 사명감과 목적을 가지고 있다.

알다시피, 부를 쌓는 것의 정점은 결국 자아 실현적인 삶을 살 수 있다는 것이다. 은퇴나 골프에 관한 것도 아니고, 살만한 가치가 있는 삶에 관한 것도 아니다. 부를 쌓는 것에는 사명과 목적이 있는 것이며 여러분이 좋아하는 일을 하기 위한 것이다.

분명히 말하자면, 여러분이 호화로운 음식을 식탁에 올려놓고 아이들을 대학에 보내려고 할 때, 사명과 목적에 집중하기는 쉽지 않다. 그러나 돈에서 멀어지면 여러분은 진정한 자기 자신이 될 수 있다.

계속 듣고, 배우고, 행동을 취하면 여러분이

알고 있는 것보다 더 빨리 목적지에 도착할 것이다. 나는 최근에야 스스로 더 큰 여행을 시작했다. 사실, 지금 내가 하고 있는 일은 지금 내인생의 사명과 목적의 일부이다.

재정적인 부, 건강, 행복, 그리고 사명을 갖는것의 결합은 내가 말하는 '전통적인 부'라고 부르는 것을 구성하는 것인데, 이는 결코 거저 주어지는 것이 아니며 우리 모두가 노력해야만 얻을 수 있는 것들이다.

자, 지금부터라도 여러분은 그게 어떻게 생겼는지 상상하기 시작해야 한다. 그래야만 훨씬더 빨리 도달할 수 있다!

전통적인 '부'란?

성공적인 의사로서 우리가 가진 문제는 학교에서 잘하는 것에 익숙하다는 점이다.

산업혁명 당시 프로이센 사람들이 만든 교육 시스템은, 새로운 고등학교 졸업생의 형태로 12년마다 신제품을 뽑아내는 컨베이어 벨트와 비슷하다.

최고 품질의 제품이란, 규칙을 따르고 배워야

할 내용을 정확히 배우고 교육 과정에서 벗어나지 않은 사람들이다. 학생들은 여기서 잘못된 길로 빠지지 않아야 전문 학위를 취득할 수 있다.

그리고 우리가 학교를 졸업하면, 사회적 통념 같은 것들이 정식 교육의 대리자 역할을 하게 된다. 그리고 통념은 당신의 생명을 구할 수 있다. 하지만 그것은 또한, 폭우가 내릴 때 야외로 나가 수영하지 않는다와 같이 제도화된 어리석음의 원인이 될 수 있다. 세상은 평평하다.

또한 개인에 대한 재정적 통념은 재정적 건전성에 해로울 수 있고 파산이나 죽음의 신드롬으로 이어질 수 있다.

다음은 재정적 통념의 몇 가지 예이다.

1. 주식, 채권 및 뮤추얼 펀드 포트폴리오에 장기적으로 투자하라.

2. 은행에 돈을 저축하라.

3. 부채는 항상 나쁘다.

4. 재정 자문을 해 주는 사람에게 돈을 지불하는 것은 책임감 있는 행동이다.

　개인의 재정에 해를 끼칠 수 있는 이런 통념에 대한 목록은 이것만이 아니고 매우 광범위하다. 우리는 이러한 통념이라는 매트릭스(자궁) 안에서 살고 있는 것과도 같다.

　어떤 면에서 통념, 즉 전통적 지혜가 없는 삶은 중력이 없는 삶이 될 수도 있을 것이다. 당신을 구속할 수 있는 것은 없으며, 그래서 모든 것이 나쁜 것은 결코 아니다!

　똑똑한 사람들로서 우리의 도전은 관습적인 지혜에 의문을 제기하는 것이다. 사실 개인의 금융은 위험도가 높다. 어떤 무리가 절벽 가장자리를 걷고 있다면, 당신은 그 무리를 따르고 싶지 않을 것이다.

이 글을 읽고 있다면 이미 그것을 이해하고 있는 것이며, 재정 교육으로 자신을 무장하려고 노력하고 있을 것이다. 나 역시 내가 알고 있는 것을 여러분과 공유하기 위해 최선을 다하고 있지만, 점점 더 어려워지고 있음을 느낀다. 그리고 재정에 관한 나의 관점을 다른 세상에서 보게 되면, 세상이 평평하다고 생각하던 때를 기억하기 어려울 수도 있다.

나에게 많은 질문을 던져주길 원한다.

밤잠을 설치게 하는 경제적인 질문들은 무엇인가? 이미 알고 있어야 한다고 생각하기에 질문하기 난처한 것들은 무엇인가?

06

가속도

"완벽이 아닌 가속도에 집중하라."

- 작자 미상

　현금 흐름에 대한 투자를 통해 부를 쌓기 위해서는 시간과 인내심이 필요하지만, 부의 축적 과정을 빠르게 할 수 있는 방법이 있다. 바로 가속도를 만들어 내는 것이다. 물리학에서 가속도는 질량 X 속도로 정의된다. 이 책의 목적에 따라 질량을 매년 투자할 수 있는 자금의 양, 속도는 더 많은 현금 흐름을 만들어내기 위해 수익을 투자에 재배치하는 빠르기로 정의하려고 한다.

만약 매달 임대 자산으로 벌고 있는 500달러의 현금 흐름으로 옷과 차를 구입한다면, 그 500달러로 돈을 더 벌 수 없다. 그러나 만약 그 돈을 현금 흐름을 창출해 내는 다른 무언가에 바로 사용한다면, 당신은 모든 것이 하나의 큰 강으로 변할 수 있도록 많은 수입 흐름을 계속해서 만들어내고 있는 것이다. 자본을 재배치하는 빠르기를 나타내는 속도는 부의 증식에 있어 대단히 중요하다. 이와 같은 것을 72의 법칙(rule of 72; 복리로 투자한 자금이 2배가 되는데 필요한 대강의 연수를 아는 방법, 역자 주)이라고 부르는 것을 들어봤을 것이다. 이는 다양한 투자 수익이 당신의 돈을 2배로 만드는 데 시간이 얼마나 걸리는지에 대한 이해를 돕는 개념으로, 72를 수익으로 나누면 돈을 2배로 만드는 데 소요되는 시간을 알 수 있다. 예를 들어, 투자를 통해 9%의 수익을 얻고 있다면, 간단히 72/9를 해서 돈을 2배로 만드는 데 8년이 걸림을 알 수 있다. 따라서 만약 매년 9%의 수익률로 1만 달러를 투자한다면 8년 안에 2만 달러를 가지게 될 것이고, 16년 안에 4만 달러를 가지게 될 것이다. 꽤 간단해 보이지만, 그렇지 않다. 판단이 빠른 부동산 전문가들이 72의 법칙에 대해 이야기하는 것을 들어봤는데, 그들은 이 공식을 보통 잘못 사용한다. 72의 법칙은 복리에 관한 것이다. 이는 투자를 통해 만들어진 돈이 재투자되고, 이자가 복리로 쌓이면 훨씬 더 많은 수익을 만들어낸다는 의미다. 예를 들어, 자산에 10만 달러를 투자하여 수익으로 매년 9천 달러의 현금 흐름을 얻는다고 하면, 현금 수익으로 9%의 현금을 번다는 뜻이다. 그러나 그 투자가 매년 9%를 대량으로 만들어낸다고 해서 돈을 8년 안에 2배로 만들 수 있는 것은 아니다.

'복리의 마법'으로부터 혜택을 받기 위해서는, 그 수입을 빠르게 재투자해서 가능한 한 빨리 그로부터 수익을 얻어야 한다. 그것이 속도의 개념이다. 재정 자문가들은 주식시장을 설명하기 위해 종종 '복리의 마법'이라는 구절을 사용한다. 앞서 대략 설명했듯이, 현 시점에서 공공 주식시장은 공공 주식시장에서의 투자를 둘러싼 가정과 불확실성은 과도한 수수료로 인해 매력적이지 못한 옵션이 된다. 그러나 간단히 자본을 빠르

게 재배치함으로써 '복리의 마법'을 스스로 만들어낼
수 있다. 신뢰할 수 있고 마음대로 사용할 수 있는 실물
자산 투자를 항상 가지고 있기만 하면 된다.

내가 운영하는 공인 투자자 전용 그룹은 우리의
부 계획을 위한 전략 중 하나로 이런 문제들을 논의
한다. 이 책을 쓰고 있는 시점을 기준으로, www.
wealthformula.com에 방문하여 공인 투자자의 정의
에 맞는 것을 입증만 하면 무료로 그 공인 투자자 전용
그룹에 가입할 수 있다. 다시 한 번 이야기하자면, 공인
투자자는 매년 수입이 20만 달러이거나(배우자 소득과 합
산할 경우 30만 달러), 혹은 개인 주택을 제외한 순 자산이
최소 1백만 달러인 사람으로 정의된다.

나는 왜 공인 투자자들을 위한 특별한 그룹을 운영하
고 있는가? 엘리트주의자가 되기 위해서 그런 것은 아
니다. 앞서 언급했듯이, 민간 투자의 세계는 매일 투자
자들에게 개방되고 있고, 상황은 10년 전보다 실질적
으로 나아졌다. 그러나 현실에서는 공인 투자자들에게

만 공개되어 있고 잠재적으로 수익성이 좋은 민간 투자가 여전히 많이 남아 있다. 나는 이것이 공인 투자자에 대한 불공정한 이점임을 인정한다. 그러나 이 책은 세상에서의 자신의 위치를 받아들이고 세상사가 공정하지 않다고 말하는 사람들을 위한 것이 아니다. 내게 있어 공정은 '욕'이나 마찬가지다. 내 부모님은 빈손으로 미국에 건너온 이민자시고, 아버지는 강경하게, 위험을 감수하고 스스로를 믿음으로써 백만장자의 부동산 투자자가 되셨다. 우리는 세계에서 가장 위대한 국가에 살고 있고, 기회는 아메리칸 드림을 과감하게 이룰 의지가 있고 그런 능력이 있는 사람들에게 열려있다. 부자들을 싫어하지 말고 부자가 되고자 노력해라!

그렇다면 경제 성장의 가속도를 증가시킬 방법은 무엇인가? 가속도는 질량×속도라는 방정식으로 돌아가 보자. 부의 가속도를 극대화하기 위해서는 투자의 질량과 속도를 모두 최대화해야 한다. 다시 말하자면, 가능한 범위 내에서 최대한으로 투자하고 수익을 최대한 빨리 재배치해야 한다.

고연봉의 전문직이라면 이미 상당한 질량을 가지고 있고, 매달 월급의 20%를 투자할 수 있을 것이다. 당신은 이미 좋은 위치에 있고, 자본을 현명하고 효율적으로 배치하기만 하면 된다. 그러나 충분한 돈을 가지고 있지 않다면 앞으로 더 큰 도전을 해야 할 것이고, 거기서 벗어날 유일한 방법은 기업 활동을 통한 것이다. 앞서 나의 아버지에 대해 언급했었다. 아버지는 이민자들 사이에서 자주 볼 수 있는 전형적인 인생역전의 예다. 이민자들은 사회적 안전망과 보호해 줄 법률이 없는 곳에서 온다. 더 나은 삶을 꿈꾸며 미국으로 오면, 그들은 캔디 가게에 있는 어린아이처럼 된다. 성공적인 사업가는 비슷한 렌즈를 통하여 미국을 무궁무진한 가능성의 땅으로 보게 되는 것이다. 투자 자금이 없다면 처음으로 해야 할 일은 태도를 바꾸고 기회를 찾아나서는 것이다. 즉, 이 책의 원칙에 따라 투자 자금을 마련할 방법을 찾아야 한다. 이 책은 기업 활동에 관한 것은 아니지만 나는 스스로를 새로운 기업을 계속해서 설립하는 연쇄 창업가라고 생각한다. 그리고 올바른 태도만 갖고 있다면 오늘날에는 누구나 돈을 벌 수 있다는 것을 진심으로 믿는다. 다음과 같이 몇 가지를 제안하고자 한다. 만약 인터넷에 대해 잘 안다면 팻 플린(Pat Flynn)의 www.smartpassiveincome.com을 방문하여 팟캐스트를 다운로드 받기를 제안한다.

팻은 인터넷을 통해 돈을 벌 수 있는 몇 가지 가능성 있는 아이디어를 줄 것이다. 사실상 한계가 없기 때문에 인터넷 사업은 굉장하다. 나는 개인적으로 몇 년간 팻의 팟캐스트를 들어왔고, 아마존에서 전자책을 자비로 출판하는 것에 대한 팟캐스트를 듣고 시도해 볼만 하다고 생각했다. 몇 달 동안 나는 원시인 식이법(paleodiet)과, 다른 다양한 요리책 등의 주제에 관한 책을 외주로 맡겨서 매달 400~700달러의 돈을 벌어들였다. 이런 주제를 택한 것은 사람들이 이런 책을 매일 수천 권 사고 있었기 때문이다. 참고로, 나는 부의 공식 팟캐스트 26편에서 작가 마케팅 클럽(Author Marketing Club)의 짐 쿠크랄(Jim Kukral)과의 인터뷰를 통해 이 경험에 대해 자세히 이야기한다. 팻 플린은 건축 관련 일자리에서 해고당한 뒤 블로그를 시작해서 몇 백만 달러를 벌어들인다.

　매우 적은 돈만 있어도 창업할 수 있는 또 다른 오프라인 기업 활동으로는 부동산 투기꾼에 대한 주택 도매업이 있다. 이에 관한 방법을 알려줄 사이트들은 수없이 많다. 요약하자면, 먼저 업데이트해서 투자를 통해 이득을 볼 수 있는 집들을 찾아낸다. 그러나 당신이 가진 돈이 없기 때문에 수수료(한 번에 3~5천 달러 정도)를 주고 그 집을 부담할 수 있는 다른 사람에게 계약을 배정하기만 하면 된다. 너무 좋은 조건이라 믿기 힘들겠지만 이를 통해 돈을 번 사람들을 알고 있다. 그저 인내심이 필요할 뿐이고, 도매업을 통해 연 50만 달러 이상 버는 한 사람을 알고 있기도 하다. 그 사람은 무일푼으로 시작했고, 이를 통해 투자 펀드를 만들어낼 수 있다고 생각했다. 그리고 이 일에 매우 능했기 때문에 도매업 콘셉트로 기업을 만들었다.

　사업가가 되어 사업을 시작하길 바라지 않더라도, 단기적으로 돈을 벌기 위해 시간을 더 써야 하긴 하지만 약간의 여유 자금을 만들 방법을 찾을 수 있다. 예를 들어, 차를 가지고 있다면 차를 우버(Uber)나 리프트(Lyft)를 통해 운행할 수 있다. 내가 빈털터리 외과 레지던트였을 때 이런 서비스가 있었다면 이를 기회로 활용했을 거라고 확신한다. 세상은 굶주렸지만 열렬한 사람들을 위한 기회로 가득 차 있다. 이 중 어떤 것도 당신에게 하룻밤 사이 많은 돈을 가져다주지는 못할 것이다. 그러나 나는 단순히 새로운 것을 시도하여 주도권을 잡음으로써 ─나 자신을 포함하여─ 사람들이 성공하는 것을 봐왔다. 핵심은, 부를 빠르게 창출하는 것(가속도)은 자금을 더 투자하고(질량), 자본을 최대한 빠르게 재배치하는 것(속도)에서 오는 것임을 이해하는 것이다.

물리 방정식이
당신을 부자로 만들 것이다!

아이작 뉴턴은 물리학에서 인류에 크게 공헌한 사람으로 잘 알려져 있다. 우리가 고등학교에서 배우는 물리학의 대부분은 뉴턴 물리학이다. 이해하기 쉽기 때문이다.

'운동량 = 질량 × 속도'라는 방정식을 기억하는가? 본능적으로 가속도가 무엇인지 이해할 수 있다. 트랙을 따라 빠르게 움직이는 기관차를 상상해 보자. 멈출 수 없다!

이제 이 방정식을 부를 쌓는 데 적용해 보자. 부를 쌓는 데 가속도를 붙이고 싶지 않은가? 그렇다면 이 방정식을 다시 살펴보자. 운동량을 증가시키려면 질량과 속도, 또는 둘 다를 증가시켜야 한다.

속도는 개인의 금융에서 특정한 것을 의미하는데, 자본을 얼마나 빨리 배치하느냐이다. 일반적으로 자본을 더 빨리 배치할수록 재산이 더 빨리 증가한다.

연간 10%의 수익을 내는 10만 달러를 투자했다고 가정해 보자. 월 단위로 분배되고 연말에 1만 달러가 된다. 나쁘지 않다. 음, 이것을 다시 10%의 수익을 내는 다른 곳에 투자를 할 수 있었다고 가정 해 보자. 이제 10만 달러가 아닌 11만 달러를 투자할 수 있으니, 연말에 이제 11만 달러 플러스 10%가 된다. 주기를 계속하면 재산이 증가하는 속도가 가속화되고 모든 포트폴리오가 가속도를 얻는다는 것을 알 수 있다.

자산 구축의 핵심 원칙 중 하나는 속도이다. 돈을 더 빨리 재배치할수록 더 빨리 성장한다.

그렇다면 방정식에서 질량은 무엇인가? 투자하기 위해 따로 남겨두는 돈이다. 속도도 좋지만 투자할 돈이 없으면 쓸모가 없다. 즉, 부를 구축하는 데 있어 가속도를 창출하는 핵심은 투자에 더 많은 자본(질량)을 배치하고 수익을 최대한 빨리 재배치하는 것(속도)이다.

여기에 약간의 레버리지를 추가하라! 그러면 당신을 약속의 땅으로 데려가줄 것이다.

나쁜 레지던트 = 좋은 사업가

나의 외과 레지던트 시절은 초현실적인 경험이었고 할 수 있다.

그래서 나는 15년 전에 사람들의 두개골에 구멍을 뚫기도 한 외과 의사였다는 사실에 대해 언급하지 않는다.

외과 의사에게는 모든 피투성이의 물건들이

일상적인 것이 되고 곧 거기에 면역된다.

내가 정말로 고민했던 부분은 계급 구조였다. 내가 하던 수술 프로그램은 특히 레지던트들을 닦달하고 쪼아대는 무거운 분야였다.

나보다 앞에 진행하는 수술은 우리 부서에서 경이로운 것으로 간주되었고 그들은 완벽한 레지던트였다.

그들이 왜 그렇게 훌륭하다고 여겨졌는지 생각해 보면, 다른 누구보다 똑똑하거나 더 나은 외과 의사였기 때문이 아니었다. 물론 수술실에서 키스를 하거나 정강이를 걷어차는 행동에서는 다른 누구보다 나았다.

이들은 부분만 바라보는 방법, 옳게 보이게 말하는 방법, 그리고 부정적인 결과를 다른 후배 레지던트들에게 떠넘기는 방법에 아주 탁월했다.

사실, 나는 약간의 문제를 일으키는 사람으로 여겨졌지만, 그들과 게임을 하면서 대항할 수는 없었다. 그럼에도 불구하고 내가 수술 프로그램에서 쫓겨나지 않은 유일한 이유는, 논문으로 출판이 가능한 흥미로운 아이디어를 자주 내놓는 재주가 있었기 때문이다. 손재주보다는 학문적 재능이 있었기에 사람들이 나를 참아 주었던 것이다.

　결국 나의 불복종과 권위에 대한 일반적인 존중의 부족으로 인해, 나는 첫 번째 고용주에게 레지던트에서 해고되기에 이렀다.

　최근에 나는 내 회사에서 새로 고용한 관리자와 분쟁을 겪게 되었다. 그녀가 나에게 거친 행동을 하는 것을 참아주거나 좋아해 줄 수가 없었다. 나의 자존심이 허락하지 않아 계속 고용할 수 없었다.

이런 성격을 가진 사람들은 이제 무엇을 할 수 있을까?

사실 몇 가지 선택지가 있다. 여러분도 몇 달에 한 번씩 해고당하는 삶을 살며, 취업을 포기하고 싶을 때까지 돌아다닐 것인가? 아니면... 당신은 사업을 시작할 것인가?

난 후자를 선택했다.

이야기의 교훈은 우리 모두가 본능을 가지고 있다는 점이다.

사회는 특정한 강점과 특정한 성격만을 바람직한 것으로 인식한다. 예를 들어, 당신은 시험을 잘 치러 똑똑해야 하거나 시험을 잘 보지 못하는 멍청이여야 한다.

그렇다면 똑똑한 것은 한 종류뿐일까?

사회가 선하지 않다는 것은 우리가 가진 초능력을 활용하도록 장려한다. 그러나 우리는 이러한 개인적인 자질을 최대한 활용하는 대신에, 사각형 말뚝을 둥근 구멍에 맞추는 일에 너무 많은 시간을 허비한다.

그래서 많은 사람들이 자신의 커리어에 불만을 느끼는 것인지 때때로 매우 궁금할 따름이다.

당신의 이야기처럼 들리는가? 다른 곡에 맞춰 춤을 출 수 있다면 더 나은 댄서가 될 수 있는가? 새해가 얼마 남지 않았다. 반성하기에 좋은 시기인 것 같다.

07

경제 교육에
투자하라

"만약 어떤 사람이 지갑의 돈을 지식을 쌓는 데 전부 사용한다면, 아무도 그에게서 그것을 빼앗아 갈 수 없다. 지식에 대한 투자는 항상 가장 높은 이자를 가져다준다."

– 벤자민 프랭클린(Benjamin Franklin)

한 젊은 여성이 차에 문제가 생겨서 정비공을 찾아가는 전형적인 상황이다. 정비공은 차를 살펴보고 잘못된 10가지를 줄줄 읊어댄다. 여자는 정비공이 하는 이야기를 이해하지 못하고 본능적으로 정비공이 실은 자신을 기만하고 있을 것이라 생각한다. 그렇지만 정비공이 말한 대로 모두 수리하기로 합의하는데, 왜냐하면 선택권이 없기 때문이다. 마지못해 돈을 지불하긴 하지만 자신이 속은 건지 아닌지도 확신하지 못한다.

이 예시는 빈털터리 레지던트에서 하룻밤 사이 몇 십만 달러를 벌어들이게 된 젊은 의사와 비슷한 경우다. 책으로 배운 지식이 많다고 해서 돈에 대해 무엇이든 알고 있는 것은 아니다. 나는 최근 부자 아빠 자문가인 톰 휠라이트(Tom Wheelwright)를 내 쇼인 부의 공식 팟캐스트 27편에서 인터뷰했는데, 톰은 의사들이 정말 똑똑하긴 하지만 주변에서 볼 수 있는 최악의 투자자이기도 하다고 이야기했다. 의사들은 돈과 투자에 대해 배우는 데 시간을 쓰지 않았기 때문이다. 재정 자문가들은 의사들 주변에서 피냄새를 맡는 상어와 같다. 재정 자문가들은 부유한 사람들에게 기대서 먹고 살고, 의사들로 하여금 본인을 제외하고 경제계의 모든 사람에게 이득이 되는 가장 비싼 월 스트리트 뮤추얼 펀드에 최고 수수료를 내고 들어가라고 조언한다.

전문학교가 학생들을 위한 경제 교육을 완전 등한시하는 것은 내게는 기절초풍할 일이다. 졸업생이 빈털터리에서 하룻밤 사이에 임금 최상위 2%가 되리라는 것을 알면서도 학생들에게 경제적 지식을 가르치지 않는 것은 내 생각엔 과실이고, 무책임한 일이다. 그럼에도 불구하고 현 체제는 그렇게 구축되어 있다.

고연봉의 전문직들이 스스로에게 이런 질문을 해봤으면 한다. 돈을 벌기 위해 지금 하고 있는 일의 전문 기술을 연마하기 위해서 얼마나 많은 시간을 공부에 쏟았는가? 이제는 돈을 벌고 있으니, 최소한 공부했던 시간의 일부라도 돈의 투자법을 배우는 데 써야 하지 않겠는가? 내가 운영하는 투자 관련 내용을 구독할 필요는 없지만 빈털터리로 죽거나 언젠가 자녀와 같이 살지 않도록 '언어를 배우기' 위해 시간을 좀 더 할애해야 한다.

나는 언어를 배워야 한다는 것을 강조하고 있다. 다른 곳과 마찬가지로 금융계도 그 세계만의 언어를 가지고 있고, 그 언어에 능숙할수록 자신의 이익을 보호할 가능성이 더 높아진다. 재정 자문가에게 컨설팅을 받기로 했다면, 해당 분야의 전문용어를 이해하고 올바른 질문을 해야 한다. 경제 전문용어는 당신을 헷갈

리게 하고 스스로를 바보처럼 느끼게 만드는 것이 목적이다. 즉, 그런 용어의 사용 목적은 바보처럼 보일까 하는 두려움에 질문을 못하게 만들기 위함이다. 대부분의 재정 자문가들은 수수료와 중개료에 기초해 보수를 받는다는 사실을 기억해야 하고, 그 사람들은 당신의 최대 이익을 생각하지 않을 것이다. 이 때문에 나는 재정 자문가들을 통해 투자하지 않는다.

사업가로서 돈을 벌었다면 재정 자문가에 대한 맹목적 신뢰는 더더욱 이치에 맞지 않는다. 수익성 있는 사업을 육성해 놓고, 다른 누군가가 당신보다 더 많이 안다고 해서 그 사람에게 힘들게 번 돈을 투자하라고 넘겨줄 만큼 똑똑하다는 것을 보여주기 위한 것이 아니라면 말이다. 이는 역설적으로 들리지만 내가 매일 목격하는 사례다.

그렇다면 어떻게 배울 수 있는가? 책을 읽고, 세미나에 가고 당신보다 더 많이 아는 사람들과 관계를 맺으면 된다. 이 책을 읽고 있다는 것은 이미 올바른 방향으로 나아가고 있다는 의미다.

전문가를 위한 경제 교육과 기업 활동에 초점을 두고 있는 나의 웹 사이트 www.wealthformula.com을 방문하고, 돈에 대한 태도를 바꿔주어 내가 마음의 빚을 지고 있는 로버트 키요사키의 모든 책을 다 읽기를 권한다.

로버트 키요사키와 내가 전하고자 하는 메시지는 수지 오만(Suzie Orman)과 같은 사람이 대세 금융 프로그램에서 말하는 것과는 다르다. 그러나 이치에 맞는 결정을 내리기 위해 주류 금융계 관련자들이 뭐라고 이야기하는지도 알아야 한다. 그러다 보면 다른 투자법들보다 당신과 철학적으로 맞는 투자법을 찾게 될 것이다. 방법을 파악하고 나서는, 세미나와 현장학습을 통해 비슷한 생각을 가진 사람들 및 선구자적인 사상가들과 교류하는 많은 방법을 찾으면 된다. 이를 통해 미처 알아차리기도 전에 자신만의 개인적인 투자 철학을 이해하기 시작할 것이고, 조건에 맞는 기회를 접하게 될 것이다. 비슷한 생각을 가진 사람들과의 커뮤니티에서 기회를 조사하는 혜택을 누리기도 할 것이다.

이것이 www.wealthformula.com에서 내가 운영하고 있는 투자자 커뮤니티의 목적이다.

분명 하룻밤 사이에 능숙한 투자자가 될 수는 없다. 다른 것들과 마찬가지로 그러기 위해서는 시간과 헌신이 필요하다. 1970년대에 심리학자 노엘 버치(Noel Burch)는 능숙성의 4단계를 설명했다. 내가 이해하는 대로 그 단계들을 설명하고자 한다.

- **1단계** : 무의식적 무능(Unconscious incompetence). 무엇을 모르는지 잘 모른다.

- **2단계** : 의식적 무능(Conscious incompetence). 스스로의 지식적 결함을 파악하고 현재 당신의 한계를 이해하게 된다.

- **3단계** : 의식적 능숙성(Conscious competence). 이해하고 실행할 수 있지만 이는 제2의 천성은 아니다. 그것을 해내기 위해 여전히 집중하고 충분히 생각해야 한다.

- **4단계** : 무의식적 능숙성(Unconscious competence). 해당 과업은 제2의 천성이 된다.

이 4단계를 외과 레지던트, 기업가, 그리고 이제는 투자자로서 새로운 절차를 배우는 맥락에서 생각해보았다. 모든 경우에, 내가 4단계에 도달한 유일한 방법은 실제로 스스로 그 일을 하는 것이었다. 실수도 있겠지만 그를 통해 배울 것이고, 더 강해지고 똑똑해질 것이다.

많은 실수 없이도 매우 성공하고 부자가 되기란 사실상 불가능하다. 그러나 이런 실수를 줄이기 위한 방법으로 커뮤니티나 멘토, 혹은 둘 다와 함께 하는 것이다. 나는 지도 프로그램과 지휘 그룹에 몇 년 동안 수 천 달러를 사용했지만 그것을 비용이라고 생각하지 않고, 실은 내가 쓴 것보다 더 많은 돈을 벌 수 있게 도와줬다고 확신한다. 어느 누구도 진공 상태에서 무언가를 잘하게 될 수는 없다. 우리는 스스로의 실패나 타인의 실패로부터 배워야 한다.

스스로의 상황에 어떻게 접근하든지 간에, 요점은 세상에서 잘 살기 위해 경제 교육이 필요하다는 것이다.

나는 향후 10~20년 사이에 어려운 경제 상황이 닥칠 것이라 생각한다. 이 시기는 사람들에게 놀라운 경제적 빈곤을 경험하는 시기가 되기도, 막대한 부를 쌓는 시기가 되기도 할 것이다. 알찬 경제 교육이 없다면 당신이 역사의 유리한 쪽에 서게 되지는 못할 것이다.

결론 : 부 = 시간

사막에서
상한 생선을 먹는 것!

나는 피닉스에 있는 호텔에서 룸서비스를 주문하기로 결정했다. 참치? 좋은 생각이다!

이런... 내가 지금 사막에 있는데 물고기를 주문한다고? 구운 참치로 하지 뭐. 근데, 그것은 피닉스 것이 아닌 모양이었다!

글쎄, 몇 번을 입에 물었는데 정상으로 느껴지지 않았다. 끈적끈적하기도 했고 약간 뻣뻣한

부분도 있었다.

나는 지난 주말 산타바바라에서 어선에서 하선한지 2시간이 지나지 않은 참치를 맛볼 수 있었다. 그때랑 같은 맛이 아니었다.

좋다. 아마도 최고급 스위트 룸서비스로 사막에서 드물게 요리하는 참치는 결코 좋은 선택이 아니었던 것 같다.

나는 곰곰이 생각하기 시작했다. 어떻게 해야 할까? 토해 버릴 것 같았지만 내 생각을 드러낼 수는 없었다.

대신 외과 의사로써의 뇌가 작동하기 시작했다. 음, 상처 부위를 깨끗이 해야 한다면 어떻게 할까? 알콜을 조금 발라야 할 것 같았다. 아하!

나는 즉시 술집으로 달려가 보드카 마티니를 주문해 소독을 시작했다. 내일이면 문제없이 작동되는지 확인할 수 있지만 미리 조치를 취한 것이다.

나는 '오! 무슨 일이 일어나는지 내일까지 지켜보자.'라고 생각하지 않았다. 나는 절대로 그렇게는 못한다. 알다시피 나는 행동파이다. 나는 안이하거나 나태한 것을 싫어한다.

나태한 관성은 사람을 비참하게 만든다. 그것은 여러분을 아프게 할 것이다. 무엇보다 관성은 당신을 파산하게 만들 수 있다!

알다시피, 지난 몇 주 동안은 은행에 잠자고 있던 게으른 돈이 궁지에 몰렸다. 북한의 김정은이 핵 실험을 시작했고 전 세계에 큰 반향을 일으켰다. 이로 인해 금이 급등하고 달러가 하락했다.(일반적으로 작동하는 방식이다.)

한편, 그렇다면 당신의 돈은 은행에 있어서 안

전할까? 달러 가치가 떨어지지 않더라도 인플레이션이 당신의 저축을 연간 최소 2%나 계속 감소시키고 있다는 사실을 어떻게 생각하는가?

그 은행은 당신에게 얼마나 이자를 지불하는가? 1~2% 미만일 것이다. 인플레이션이 2%이고 수익이 1% 미만이라면 그 돈을 은행에 보관함으로써 당신은 돈을 잃고 있는 것이다.

그래도 안전하다고 느껴지는가?

좋다. 은행 잔고를 확인하는 것을 좋아한다면, 가끔씩 쳐다볼 수 있는 0이 몇 개인가 있다는 사실은 기분 좋은 일이다. 그러나 무언가에 투자하고 게으른 돈을 작동시키는 것이 더 합리적이지 않을까?

많은 선택지가 있다. 돈을 어디에 배치할 수 있는지에 대한 아이디어는 얼마든지 찾을 수 있

다. 그리고 대부분은 돈을 은행에 보관하는 것
보다 더 안전하다.

이번 주에 자신을 위해 행동하길 촉구한다.
왜 힘들게 번 돈을 재배치하지 않고 방관하는
지 그 이유를 자문해 보라. 그것이 그토록 이론
적인 것일까?

고학력은
가치가 있는 것인가?

이번 주는 보건 분야에 종사하는 사람의 다음 질문에서 영감을 받았다.

"안녕하세요.

고등교육에 대한 당신의 개인적인 생각이 궁금하군요.

다시 한 번 할 수 있다면 의대에 갈 건가요?

MBA를 받을 건가요? 견습을 받을 건가요? 멘토를 구할 건가요? 아니면 직장에서 기업가 정신에 대해 배우실 건가요?

현장에서 직접 배울 건가요? 아니면 똑똑한 책으로 배울 건가요?

딸들에겐 어떤 말을 해줄 건가요?"

이것은 매우 좋은 질문들이다!

나와 아내 둘 다 '브랜드' 학교 출신이라는 걸 밝히고자 한다. 아내 역시 석사 학위를 가지고 있으며, 물론 나는 의대 출신이다.

우리 두 사람은 모두 화이트칼라 노동력의 좀비가 되어야 할 과잉교육의 전형적인 유형이다.

나는 학부 4년과 4년의 의대, 대학원에서 7년 동안 수술 훈련을 받았다. 그 후 8년 동안 인턴, 레지던트를 했지만 이 글을 쓰고 있는 시점에는 더 이상 의료계에 종사하지 않고 있다.

나는 전업 사업가이자 투자가이다.

아내는 스탠포드와 런던 정경대를 다니면서 막대한 빚을 졌지만, 지금은 자신의 교육과 아무 관련이 없는 의류 사업을 하고 있다.

그렇다면… 고등교육에 대한 투자 대비 수익률은 항상 좋다고 볼 수만은 없지 않을까?

하지만 나의 경우는 크게 나쁘지 않았다. 알다시피, 나는 의학과 수술을 정말 좋아했고 의대에 다니면서 얻은 지식도 좋아한다.

물론 의대에서는 기업가 정신이나 돈에 대해 많이 가르치지 않는다. 하지만 분명히 말하자면, 경영대학원도 그렇게 하지는 않는다. 그것은 잘못된 신화일 뿐이다.

비즈니스 스쿨, 소위 경영대학원은 사람들에게 관리자가 되는 방법을 교육하는 곳이다. 난

관리자가 아니다. 나는 관리자를 고용한다.

내가 들소처럼 성난 사업가인 이유는 학교에서 기업가 정신을 가르치지 않기 때문이다. 내 스스로 갈증을 느끼고 그것을 시작했을 뿐이다.

기업가를 위한 최고의 교육은 고난의 학교이다.

기업가로서 당신이 창조하는 사업은, 종종 개인적인 경험과 배경을 반영한다. 의료에 대해 많이 알고 있기 때문에 내 사업체 중 세 곳이 의료 서비스 분야에 있다.

신이 내가 변호사가 되는 것을 금지했더라면, 나는 지금 법과 관련된 사업을 하고 있을 것이다.

기업가의 임무는 문제해결을 위한 기회를 엿보는 것이다. 모든 성공적인 비즈니스는 문제를 해결한다. 그리고 시스템의 비효율을 인식하지 못한다면 하나의 비즈니스를 마무리하는 해결책을 찾아낼 가능성은 거의 없다.

나에겐 모든 것이 잘 풀렸고 고등교육은 실제로 성과를 거두었다.

이제 딸들에게 무엇을 말해 줘야 할까?

나는 나보다 훨씬 더 성공적이고 부유한 사람들과 함께 여러 '주인공'의 일원이다. 하지만 그럼에도 불구하고 방에 있는 누군가가 나와 필적할 만한 학문적 혈통을 가지고 있는 경우는 드물다.

내가 아는 가장 성공한 사람들은 화려한 학교에 가지도 않았고 반드시 최고의 학생도 아니었다. 이들의 공통분모는 자신이 하는 일에 열정적이었다.

내 딸들은 8세, 4세, 2세이다. 내가 이들에게

원하는 것은 열정적인 사람이 되라는 것이다. 때로는 어릴 때 자신이 열정을 갖고 있다는 것을 발견하기 어려울 때가 있다. 대학은 자신을 흥분시키는 무언가를 발견하기 위한 하나의 방법이다. 하지만 대학만이 유일한 방법은 아니다.

대부분의 사람들은 급여를 기준으로 일자리를 결정한다. 나는 젊은이들에게, 다양한 분야에서 일을 시도해 보고, 일이 아닌 교육이라고 생각할 것을 제안한다.

사회 통념 때문에 많은 사람들이 일주일 동안 직장을 싫어하고 상사를 싫어하면서도 월급은 사랑한다.

금전적 보상과 상관없이 이러한 삶은 진정한 부에 해당되지 않는다. 이것이 여러분의 자녀를 위해 당신이 원하는 것인가? 나는 아니다. 나는 열린 마음을 유지할 것이다.

지금 바로
행동하라

"교육의 위대한 목적은 지식이 아니라 행동이다."

– 허버트 스펜서(Herbert Spencer)
　19세기 영국 철학자

　　나는 20대 중반에 시간의 가치에 대해 처음 깨달았는데, 그 깨달음은 벽돌 1톤처럼 나를 강하게 내리쳤다. 엘리트 신경외과 수술 레지던트 프로그램에 들어간 의대 첫날부터 나는 뇌 외과의사가 되고 싶었고, 그를 위해 의대에서 열심히 일했다. 학술지 논문을 닥치는 대로 출판했고, 마치 내일이 없는 것처럼 신경외과 의사들의 비위를 맞추려고 했다. 그리고 이는 모두 성과를 냈다. 내 프로그램에 들어오는 것은 통계적으로

전미 미식축구연맹(National Football League)에 들어가는 것보다 훨씬 더 어려웠다.

처음 병원에 도착했을 때, 나는 내 이름과 그 밑에 "신경외과"라고 쓰인 새 연구실 가운을 입고 병원을 걷는 것을 좋아했다. 그리고 보통 3일에 1번 있는 야간 호출이 시작되었다. 나는 콜방에서 잤고, 논문은 자정에야 쓸 수 있었다. 응급실에서는 머리 부상을 입은 사람이 있는 심각한 상황이면 나는 상황 파악을 위해 가장 먼저 내려가야 했고, 만약 필요하다면 생명을 살리기 위해 선임과 함께 수술실에 가야 했다. 나머지 밤은 수술실에서 보냈고, 내가 잠을 못 잔 것과는 상관없이 다음날이 왔다. 다음날 아침에는 4~5개의 사례분석을 하는 일정이 잡혀 있었고 그것도 잘해내야 했다. 저녁 7시까지 집에 갈 수 없을 것이었다.

인정하기는 싫지만 더 이상 재미가 없었다. 직함은 좋았고, 자존감을 위해서도 좋은 일이었다. 나는 수술하는 것을 좋아했고 지금까지도 수술하는 것을 좋아하지만, 시간이 마음에 들지 않았다. 그러나 내 주변의 레지던트들은 대부분 시간과 관련해서 별 문제가 없어 보였다. 그들은 대부분 뛰어난 것과 별개로 아드레날린 중독자들이었다. 자정에 그 콜이 왔을 때 '아, 또 가야 하네.'라고 생각하지 않고, '와, 쪼개진 머리라니!'라고 생각하는 것이다. 그들은 응급실로 향하면서 기운을 차렸을 것이고, 슈퍼맨(혹은 슈퍼우먼) 역할하기를 좋아했다. 나는 그렇지 않았다.

어느 날 한 교수님이 다른 상급 연구원에게 다음과 같이 이야기하는 것을 듣고 내 생각은 아주 분명해졌다. "세상엔 두 종류의 신경외과 의사가 있어. 좋은 의사와 취미가 있는 의사지." 나는 취미가 많지 않았지만 그 메시지가 무슨 의미인지 알았고, 이는 내 주위를 둘러보니 훨씬 더 분명해졌다. 의대 때 신경외과는 100% 이상의 이혼율을 보였다. 학장은 1명 이상의 전(前) 미스 텍사스와 이혼했다는 루머도 있었다. 그 사람들은 나쁜 사람들이 아니라 그저 비범한 사람들일 뿐이니 오해는 하지 말았으면 좋겠다. 신경외과라는 산을 오르기 위해 그들은 지적 능력 외에도 초인적인 육체적, 정신적 체력과 인내심을 가지고 있었다. 그러나 대개 신경외과 수술 외의 삶은 없었다. 나는 그렇게 되길 원하지 않았다. 나는 삶을 원했다.

아직 지금의 아내를 만나지 않았었지만, 나는 언젠가 가족을 갖길 원했고, 일이 끝나고 시간을 보낼 아이와 친구를 원했다. 일요일에는 누군가를 뇌출혈에서 살려내거나 생명을 살려내기에 너무 늦었다거나 하는 콜이 언제라도 올 수 있다는 압박감에서 벗어나 축구를 보고 싶었다. 따라서 정체성을 바꾸고 자존감을 억누르는 것이 어려웠던 만큼, 삶의 질은 유지하면서도 환자들을 수술하고 돌볼 수 있는 다른 외과 전공으로 이동했다. 많은 친구들은 본인이 얼마나 많이 일하는지, 그리고 얼마나 아이들을 보고 싶은지에 대해 불평한다. 이런 일은 흔한 만큼이나 엄청 충격적이다. 중요한 직업을 가지고 있고, 자기 분야에서 유명하고 매달 상당한 월급을 받으며, 느리게 성장하는 뮤추얼 펀드 포트폴리오를 가진 사람들은 황금 수갑으로 직업에 '족쇄가 채워진' 느낌도 강하게 받는다. 그 직업이 없으면 많은 융자와 고급 자동차 할부금, 그리고 자녀를 위한 엘리트 사립학교에 돈을 지불할 수 없기 때문이다. 이런 사람들이 이 책의 비밀을 사용해야 한다. 똑똑하고, 교육을 받았지만 직업에 갇혀 있다고 느끼는 사람들, 매일 밤 아이들이 잠자리에 드는 것을 지켜보고, 여름에는 한가한 휴가를 떠나며, 혹은 갑자기 아파서 일을 조금 쉬어도 융자를 낼 수 있다는 것을 알고 진정한 휴식을 취할 수 있는 자유를 허락하지 않는 삶에 갇혀 있다고 느끼는 사람들 말이다.

한 친구(사만다라고 부르기로 하자)가 떠오른다. 그녀는 의대 시절 가장 뛰어난 사람 중 하나였다. 항상 높은 시험 점수를 받았고, 해부학을 가장 잘 이해했다. 그녀는 락 스타였다. 레지던트를 마치고 그녀가 그 분야의 최고 일류 사무실에서 일자리를 구했을 때 아무도 놀라지 않았다. 그러나 5년 동안 파트너로 일하고 나니, 사만다는 근무 시간 때문에 어려움을 느꼈다. 사만다 부부에게는 아들이 하나 있었는데, 그녀는 일을 포기하고 싶지 않으면서도 일 때문에 아들의 유아기를 놓치는 기분이 싫었다. 그녀는 월급을 대부분 고급 보육과 401k에 쓰고 있었다. 사만다는 에너지가 고갈되었고, 나에게 자신이 얼마나 일하는지 아냐며 계속해서 불평했다.

이 책의 아이디어는 사만다와 같은 일 중독자들을 위한 것이다. 그들은 시간을 돈과 바꾸고, 열심히 일하고, 책임감 있는 전문가이지만, 황금 수갑에서 벗어날 방법을 필사적으로 찾고 있다. 여기 내 처방이 있다. 사만다는 열심히 번 돈을 현금 흐름에 투자하는 방법을 배워야 한다. 사만다는 돈이 그녀 대신 일할 수 있도록 '수동적인 수입을 사들이는 것'을 시도해야 하는 것이다. 시간이 지나면서 여유 자금이 생기면 사무실에서 야근하지 않아도 되기 때문에 점점 덜 일할 수 있을 것이다. 그를 위해 사만다는 먼저 스스로를 교육해야 하고 로버트 키요사키의 책을 읽어야 한다. 그녀는 내 팟캐스트 같은 것을 들어야 하고 생각이 비슷한 사람들과의 커뮤니티에 인터넷을 통해서, 그리고 직접 참여

해야 한다. 거기서 그녀는 어떤 투자가 자신의 목표를 이룰수록 도와줄 수 있는지 배울 수 있고, 새로운 '커뮤니티'에 있는 사람들과 신뢰를 쌓기 시작할 수도 있다. 그 사람들은 본인의 과거 성공 경험을 통해 그녀가 어디에 돈을 배치해야 하는지 결정하는 것을 도와줄 수 있을 것이다. 사만다는 소박한 투자로 시작하여 자신감을 얻은 후 부를 쌓고 시간을 만들어내는 데 가속도를 사용해야 한다. 더 빨리 할수록 좋다. 행동해야 할 시기는 바로 지금이다. 돈은 잃으면 언제든 더 벌면 되지만, 시간을 잃으면 영원히 잃은 것이기 때문이다.

경고문

나는 투자 자문가가 아니라는 것에 유의해주었으면
한다. 이 책은 내가 성공하게 해준 개인적인 투자 철
학과 전략을 제공하는 것이다. 당신은 미래의 모든
투자에 마땅히 성실하게 임해야 한다.

부록

이 책에서 언급된 것에 대한 정보를 더 제공하고자
한다.

부의 공식 팟캐스트(Wealth Formula Podcast) : 작
가의 팟캐스트는 아이튠즈, 스니처, 유튜브, 구글 플
레이, 그리고 아이허트 라디오에서 들을 수 있다.
www.WealthFormula.com에서도 들을 수 있다.

투자자 클럽(Investor Club) : 공인 투자자들을 위한 것으로, 공인 투자자란 20만 달러의 수입이 있거나 (배우자 소득과 합산할 경우 30만 달러) 혹은 1백만 달러의 순 자산이 있는 사람들을 의미한다. 클럽은 공인 투자자들을 위한 끊임없는 실물 자산 투자 기회를 제공한다. www.WealthFormula.com에서 가입하라.

미국 주택 보호 펀드(American Home Preservation) : 부실 융자를 저렴하게 구입하여 사람들이 집에 계속 살 수 있게 하면서 투자자에게는 연 12%의 수익을 제공하는 조지 뉴베리(Jorge Newberry)의 펀드. www.AHFfunding.com

국제 커피 농장(International Coffee Farms) : 파나마에 있는 턴키방식의 커피 농장 투자를 제공하는 데이비드 스웰의 회사. www.internationalcoffeefarms.com

턴키 방식 임대 주택 제공자(The Turn-key rental house provider) : 레인 카와오카(Lane Kawaoka) Lane@simplepassivecashflow.com. 알라바마에서 시작해서 지금은 다른 주로도 확장했다.

주택 도매업에 대해 배우고 1세대용 주택을 수리하여 이득을 취하기(Learning about wholesaling homes and fixing and flipping single family houses) : 내가 직접 해본 적은 없지만 다른 투자를 통해 수동적인 현금 흐름을 궁극적으로 만들어내기 위해 필요한 돈(질량)을 창출하는 실행 가능한 방법이다. 좋은 재료는 다음 사이트에서 볼 수 있다. http://www.deangraziosi.com.

딘과 나는 공통으로 아는 친구가 있고, 그의 코스를 미리 볼 수 있었던 것은 아주 행운이었다. 그의 코스는 좋은 자료고, 당신이 필요로 하는 것을 제공한다. 그러나 코스를 사기만 하고 아무것도 하지 않는 사람이 되지는 말아라.

용어해설

현금 흐름 : 부는 달러나 유로로 정의되지 않는다. 그것은 시간에 의해 정의된다. 투자를 통해 반복 소득의 여러 흐름을 만드는 것은 시간 경과에 따른 시간과 돈 사이의 상관관계를 단절시키고 진정한 부를 낳는다.

투자 이해 : 만약 어떤 것이 왜 가치가 있는지 혹은 왜 그것이 돈을 버는지 설명할 수 없다면, 그것에 투자하지 말라. 나는 미국인들이 2008년 주식 시장에서 어떻게 7조 달러의 부를 잃었는지 이해할 수 없다. 또 어떻게 그 돈이 단 몇 주 만에 사라졌는지 이해할 수 없다. 그러므로, 나는 그것에 투자하지 않을 것이다.

실물자산 : 주식, 채권, 뮤추얼 펀드는 진짜가 아니다. 그것이 그들이 추락으로 사라질 수 있는 이유이

다. 실물 자산은 사라지지 않는다. 아파트, 농지, 미술품 등 유형자산이 있다면 컴퓨터 결함으로 사라지지 않는다. 만약 여러분이 귀금속을 가지고 있다면, 그것들은 관련이 없는 은행 때문에 녹지 않는다.

필수 사항 : 여러분의 일상의 필요를 지탱할 충분한 부를 갖게 될 때까지, 모든 사람들이 좋은 때와 나쁜 시기에 필요로 하는 것, 즉 주거, 안전, 그리고 영양에 집중하라. 이것이 가장 안정적인 투자이다. 일단 여러분 자신에 대한 안전이 확보되면, 더 높은 수익률을 위해 더 많은 기회를 잡길 바란다.

진심어린 조언

본서의 필자는 미국 성형외과 전문의로서, 탁월한 재무관리 식견의 영역을 구축하고 자신의 넘치는 투자와 재무관리의 센스들을 대중을 위해 공유하고 있다. 특히 부모님으로부터 무엇을 목격하고 터득하여 재무관리와 투자의 원칙들을 세웠고, 탁월한 안목들을 능숙하고 적확하게 실행시키는지 간단명료한 설명에서는 내 마음이 들킨 것 같은 전율이 느껴진다.

그렇다! 일목요연하고도 한눈에 보이는 다이어그램으로 형성된 명확한 비전이 없는 재무관리와 투자는 아주 위험하고 십중팔구 실패로 끝나거나 심각한 부채와 심지어 소송까지의 후유증을 남긴다.

본서는 초보투자자이거나 혹 중견일지라도 새롭게 투자와 재무관리의 방향을 재조정하고 정비하고자 하는 이들에게 꾀나 유용하고 안심할 수 있는 정보를 제공한다.

나는 30만평 大지주이셨던 지역 기관장 출신의 부친을 어려서부터 따라다니면서 돈 관리와 땅 거래의 현장들을 목격하며 성장해왔다. 그 위대한 근본원리의 마인드를 익혀왔던 나의 식견에도 잘 맞아 떨어지는 기본 투자와 재무관리의 노선들이 본서의 저변을 흐르고 있다. 독자들에게 때로는 신선하고 때로는 알고 있는 듯했지만 다시금 각인되고 확신과 안심을 주는 내용들로 담뿍 들어 있다.

백문이 불여일견이라고 했던가? 새로운 대통령 조바이든이 등장한 미국의 민주주의와 자본주의는 역사상 가장 모든 나라들에게 영향을 많이 발휘하는 제도이다. 우리나라 또한 작은 제도적 차이 외엔 큰 틀에서는 동일하다고 볼 수 있다. 그리고 한국에서의 투자 패턴과도 일맥상통하는 실물투자의 현금 흐름의 중요성과 그것의 재투자 및 증량 속도에 대한 쉽고도 차원 높은 기법들이 이 책에서는 잘 소개되어 있다.

또한 이 책에서는 재산을 관리하고 자문하고 대리해주는 집단들의 위험성들도 적나라하게 지적하고 있다. 감역자 또한 실무에서 무수히 목격한 사례와 사태들을 너무나 잘 알고 있다. 충분히 동감하면서도 말하기 부담스런 내용들이 독자들에게 만일의 사태에 대한 백신 역할을 잘하리라 사료된다. 실제로 일평생을 지역의 의사로서 봉사하고 절약한 수입의 일부를 관리해 달라고 맡겼더니 30년 후의 결과가 얼마만치 참혹했는지 직접 겪어 보지 않고는 동감하기 어려울 수도 있다.

믿었던 위임관리자가 의사 명의로 매입해준 거의 모든 땅들이 맹지이거나 개발제한구역이거나 각종 제한들로 시세차익과 임대소득과 개발이익 등의 실물소득은 커녕 우발이익이 거의 불가능하거나 물가상승률에도 미치지 못하는, 즉 이런 물건들은 중개자나 관리자들이 전후 및 연속 거래대금들에서 자신들의 수수료를 빼먹기가 용이한 것들뿐이었다는 것을 미망인과 자녀들이 알았을 때 그들의 배신감과 심정들을 지근거리에서 듣고 바라봤던 감역자와 동일한 의견도 들어 있다.

모쪼록 본서가 재정적 독립과 자유를 갈망하고 소망하는 모든 이들에게 길라잡이의 역할을 하게 되기를 희망하면서 실물투자의 정곡을 찌르는 핵심 내용들을 독자들이 머릿속에 잘 이미지화시키기를 권하고 싶다. 투자를 하면 즉시 또는 빠르게 현금 흐름이 창출되고 그것이 재투자 복리로 늘어나는 재산의 증가는 짜릿하고도 판타스틱한 경험을 선사할 것이다. 스텝 바이 스텝, 체크 바이 체크, 모든 것을 원 바이 원 이뤄 나가는 데 본서가 반드시 도움이 될 것이라 확신한다.

감역자 길 전 균

부자 공식 7가지

초 판 1쇄 · 2021년 3월 17일

지은이 · 벅 조프리(Buck Joffrey, MD)
감   역 · 길전균
기   획 · (주)봄봄미디어
펴낸곳 · 봄봄스토리
등   록 · 2015년 9월 17일(No. 2015-000297호)
전   화 · 070-7740-2001
이메일 · bombomstory@daum.net

ISBN 979-11-89090-45-6(03320)
값 13,500원